本书为国家社科基金一般项目“国有文化企业公司治理及评价研究”
〔17BGL268〕的阶段性成果

中国文化产业上市公司治理研究

RESEARCH ON THE GOVERNANCE OF
LISTED COMPANIES
IN CHINA'S CULTURAL INDUSTRY

张娜 | 著

中国出版集团
研究出版社

图书在版编目 (CIP) 数据

中国文化产业上市公司治理研究 / 张娜著. -- 北京: 研究出版社, 2022.3

ISBN 978-7-5199-0484-5

Ⅰ. ①中… Ⅱ. ①张… Ⅲ. ①文化产业 – 产业发展 – 研究 – 中国②文化产业 – 上市公司 – 治理 – 研究 Ⅳ. ①G124

中国版本图书馆CIP数据核字(2021)第129263号

出 品 人：赵卜慧
出版统筹：张高里　丁　波
责任编辑：刘春雨
助理编辑：于孟溪

中国文化产业上市公司治理研究

ZHONGGUO WENHUA CHANYE SHANGSHI GONGSI ZHILI YANJIU

张　娜　著

研究出版社 出版发行

（100006　北京市东城区灯市口大街100号华腾商务楼）

北京云浩印刷有限责任公司　新华书店经销

2022年3月第1版　2022年3月第1次印刷

开本：710毫米 × 1000毫米　1/16　印张：13

字数：205千字

ISBN 978-7-5199-0484-5　定价：48.00元

电话（010）64217619　64217612（发行部）

序　言

党的十九大报告指出:“要深化文化体制改革，完善文化管理体制，加快构建把社会效益放在首位、社会效益和经济效益相统一的体制机制。”近年来，我国文化产业呈现良好的发展态势，已成为国民经济新的增长点，在稳增长、扩内需、调结构、促发展中发挥着重要作用。不同于一般的经济产业，文化产业具有商品和意识形态双重属性、经济和社会两种效益。相应地，在经营过程中，文化企业不仅要遵循市场经济规律的制约，更要考量文化活动的特殊法则，并由此决定了文化企业在公司治理目标、制度机制、监管手段等方面的特殊性。因此，在完善文化企业公司治理时，要从文化企业的独特性质出发，坚持社会效益优先、社会效益和经济效益相统一的原则，在坚持这些原则的前提下，深刻把握文化企业治理的特殊性。

从商品属性和经济效益的角度看，文化企业与其他企业一样，遵循市场竞争规律，在公司治理中并无特殊性，按照相关法律法规的规定，建构了公司治理的基本结构，成立了股东大会、董事会、监事会，聘用了高级管理人员，制定了相应的高管人员薪酬激励机制，等等。但文化企业的意识形态属性和社会效益对公司治理有特殊的要求。本书从文化企业的特殊性出发，首先，从理论上厘清文化企业在治理上的特殊性以及在不同治理机制中的特殊要求;其次，详细收集、整理文化及相关产业类上市公司股东大会、董事会、监事会、高级管理人员等的治理数据，尽可能全面、系统地把脉现阶段文化企业治理现状及存在的问题;再次，利用文化及相关产业上市公司的治理数据和绩效数据，实证检验了文化企业治理机制的治理效果；最后，综合理论分析和实证检验的结果，从多个角度提出了进一步完善文化企业公司治理的对策建议。

本书的研究得到了我的老师——山东大学潘爱玲教授的指导和支持，虽然毕业多年，但老师对我后来的学业和工作给予了持续的关注、关心和支持。同时还得到了多位同事和同学的大力支持，其中要特别感谢郭名、赵晓军、张橙、赵雪纯等在文献整理、数据收集等方面对本书的研究所做的非常重要的基础性工作。

感谢中国出版集团研究出版社为本书出版所付出的心血和努力！感谢刘春雨、于孟溪两位编辑严谨、细致、高效的工作和大力支持。

需要特别说明的是，一方面，文化企业双重属性和两个效益的特殊性带来了公司治理的诸多特殊之处；另一方面，文化企业公司治理在我国也具有特殊性，国外研究并未对文化企业公司治理特殊对待。因此，无论是在治理实践中，还是在科学研究中，我们都在“摸着石头过河”，进行了很多探索性的工作。这无疑会出现诸多的不足。此外，限于时间以及信息获取等方面的局限性，本书可能还存在若干不妥之处，恳请广大专家和读者批评指正。

目 录 | CONTENTS

图表目录

第一章

导论

文化产业是国家文化软实力发展的重要平台和形式，世界各国尤其是发达国家都极为重视文化产业的发展。近年来，我国各级政府也极为重视文化产业的发展，文化产业取得了较为瞩目的成绩，逐步成为国民经济的支柱性产业。伴随着文化产业的繁荣发展，与文化产业相关的研究也越来越多。本章将阐述全书研究的背景和意义，对书中用到的基本概念如文化产业、文化企业、公司治理等进行界定，并概述全书的主要内容和研究特色。

第一节　研究背景与研究意义

一、研究背景

作为最有发展潜力的产业之一，文化产业被公认为是21世纪全球经济一体化时代的“朝阳产业”，文化产业在国与国之间综合国力的竞争中所占的比例越来越大，并为国家文化软实力的竞争提供了形式多样的载体和平台。世界上越来越多的国家把文化产业的发展提升到具有国家核心影响力的战略层面，将其作为一种战略资源加以开发。在此背景下，以创意为核心、以文化为灵魂的文化产业迅速发展，并成为世界主要发达国家的支柱性产业。

改革开放40多年来，我国文化产业经历了萌芽期（1978—1991年）、初步形成期（1992—2001年）、快速扩张期（2002—2011年），现阶段已经进入了全面提升期（2012年至今），文化产业所有制结构得到了大力调整，文化产业逐步成为国民经济发展的支柱性产业，文化科技创新推动文化产业结构不断优化，文化产业规模化集约化水平提高，中国文化产业的发展与改革开放、国家繁荣富强和民族伟大复兴息息相关，助推国家文化软实力和中华文化世界影响力的不断提升[①]。伴随着文化产业发展的繁荣，学术界对文化产业的关注也逐渐增多。从改革开放以来文化产业经历的发展阶段来看，在国家顶层设计的引导

① 范周、杨矞：《改革开放四十年中国文化产业发展历程与成就》，《山东大学学报（哲学社会科学版）》2018年第4期，第30—43页。

下，文化产业的发展主要集中在文化消费市场的形成、文化事业单位的转企改制、文化要素市场的建立、文化体制改革的推进、文化市场体系的逐步确立。相应地，相关的科学研究也主要集中于宏观和中观层面的分析。同时，由于在很长一段时间内，文化事业单位是文化市场的主体，因此，对微观层面的研究即针对文化企业的研究相对较少。

随着我国文化体制改革的不断深化和文化发展体制机制的逐步健全，文化市场主体加快培育发展，各类文化单位大量涌现，文化发展的内生动力不断提高。据第四次全国经济普查数据显示，截至 2018 年末，我国共有文化产业法人单位 210.3 万个，其中，经营性文化产业法人单位 194.8 万个，占全部文化法人单位的 92.6%。由此可见，文化企业已逐步成为文化市场的主体。如何使文化企业更好地适应市场，真正成为市场竞争的主体，需要政府、企业、市场多方努力，其中，完善文化企业公司治理是其中重要的一环。

在现阶段的中国经济中，公司治理不再是一个新鲜词，而是一个热门词。如果以东印度公司 1600 年的设立作为标志，那么公司治理已经有 400 多年的历史了。1932 年，Berle 和 Means 首次对公司治理的核心问题——所有权和经营权的论述，成为学术界公认的公司治理产生的标志。在我国，公司治理的相关研究伴随着我国企业改革尤其是国有企业改革展开[①]，大量学者从不同角度运用多种研究方法对公司治理问题进行了持续性研究，取得了丰富的研究成果。其中，对特定行业的研究集中在传媒公司、电子设备（电子元件）企业、高科技企业、金融机构、旅游企业、制造业六大类。之所以对这些行业进行单独的关注和研究，源于这些行业的特殊性。

与传统产业不同，文化产业兼具意识形态属性和商品属性的双重属性，具有社会效益和经济效益两个效益。一方面，文化产品和文化服务传播着特定的价值观念，传承的是一个国家的价值观念和审美标准，因此，对于文化产业的发展需要慎重引导；另一方面，文化产业不仅能直接为国民经济带来巨大的经济利益，还能通过引导社会意识形态、改善人力资本、与其他产业融合等方式

---

① 李维安、郝臣、崔光耀等：《公司治理研究 40 年：脉络与展望》，《外国经济与管理》2019 年第 12 期，第 161—185 页。

间接对经济发展造成影响。鉴于文化产业的特殊性，在发展文化产业的过程中，既不能只重视经济效益而忽略社会效益，也不能走向只重视社会效益的极端，认为实现社会精神层面的审美价值就需要摆脱市场。只有实现商品属性与意识形态属性的有机统一，文化产业才能沿着正确的方向走上健康的发展道路。

当前，我国文化产业发展进入了一个新的发展阶段，表现出新的发展特点：文化产业的重要性已上升为国家战略性产业，成为国民经济新的增长点。想要更好地推动文化产业的发展，需要全面把握文化产业的特殊性，多管齐下、多方用力。文化企业作为文化产业的重要载体和平台，对文化市场乃至整个经济的发展都有着极其重要的作用和意义。在市场经济体制下，要谋求文化产业的发展，只有遵循市场经济的规律，尊重市场、敬畏市场，与市场深度融合，才能拓展文化产业的发展空间。

文化企业本身具有双重属性和两个效益，同时，我国在发展文化产业的过程中经历了较长一段时间的文化事业管理体制，文化产业的发展需要文化企业成为文化市场的竞争主体。从南开大学中国公司治理研究院发布的“2019 年中国上市公司治理指数”的数据看①，与其他行业企业相比，文化企业的公司治理指数还处于较低的水平，尚未达到 2019 年度上市公司治理指数的平均水平②。因此，需要加大力气完善文化及相关产业企业的公司治理，这有利于保证现代公司制度在文化企业中稳定运行，从而保证文化企业的运营管理符合国家法律法规、政府政策、企业的规章制度以及对社会效益和经济效益的追求。尤其是那些转企改制，由文化事业单位转制而来的文化企业在公司治理方面更面临着极大的挑战。

二、研究意义

公司治理的研究已经有几十年的历史，随着企业治理实践，以及经济学、

① 在 2019 年评价样本中，上市公司治理指数平均值为 63.19，较 2018 年的 63.02 提高 0.17。就平均值而言，金融业，卫生和社会工作，住宿和餐饮业，建筑业，水利、环境和公共设施管理业等行业治理指数较高，依次为 65.03 、63.55、63.47、63.44 和 63.40。房地产业，采矿业，文化、体育和娱乐业，农、林、牧、渔业，租赁和商务服务业，综合等行业治理指数较低，分别为 62.78、62.76、62.76、62.02、61.96 和 60.73。

② 李维安、郝臣、程新生等：《中国上市公司治理评价研究——基于 2019 中国上市公司治理指数的分析》，中国企业改革与发展研究会：《中国企业改革发展优秀成果 2019（第三届）上卷》，中国商务出版社 2019 年版，第 15 页。

管理学等理论的深入，对公司治理问题的研究越来越深入、越具体，与其他学科交叉问题的研究也越来越多，如与会计学、社会学等学科的结合研究，对公司治理实践的指导意义也越来越大。然而，由于文化企业兼具意识形态属性和经济属性双重属性，经济效益和社会效益两个效益，因此，在公司治理中要求把社会效益放在首位，兼顾经济效益。为了时刻把握好文化企业沿着正确的意识形态方向发展，在公司治理结构、机制等方面要有新的突破，但无论是理论层面的系统分析，还是实证层面的研究都还较少。

本书将充分考量文化企业的双重属性和两个效益，力求在理论层面厘清文化企业公司治理的特殊性，完善文化企业公司治理理论体系；同时，通过整理并系统分析文化及相关产业类上市公司治理的数据，结合调研资料，全面把脉文化企业公司治理现状；综合以上工作，利用我国文化及相关产业上市公司的财务数据和公司治理数据，实证检验文化企业公司治理的效果。希冀本书的研究能够对我国文化企业公司治理的完善做出一定的贡献。

第二节　基本概念的界定

一、文化产业

文化产业被称为低碳工业、朝阳产业，不断被越来越多的国家确定为支柱产业并重点扶持发展。但国际上对文化产业的概念并没有统一的界定，鉴于不同的历史和文化背景，不同组织和国家各自从不同的角度来理解和使用这一概念，学术界也没有一致的界定，甚至连国内不同省市自治区的定义也不同。

联合国教科文组织（UNESCO）认为，文化产业是按照工业标准，生产、再生产、储存以及分配文化产品和服务的一系列活动。按照该定义，文化产业是指生产有形或无形的艺术性和创意性产品的行业，通过对文化资产的开发利用，文化产业可以提供以知识为基础的产品或服务，从而创造财富、增加收入。

在美国，文化产业被称作版权产业（Copyright Industries）。根据世界知识产权组织相关界定，美国的版权产业可以分为四类，即核心版权产业、部分版权产业、边缘版权产业、交叉版权产业。核心版权产业（Core Copyright Industries）包括计算机软件、电子游戏、书籍、报纸、期刊、电影、音乐、广播和电视，部分版权产业（Partial Copyright Industries）包括珠宝首饰、家具、玩具和游戏，边缘版权产业（Non-Dedicated Support Industries）包括交通运输、服务、电信、版权产品的批发和零售贸易，交叉版权产业（Interdependent Industries）包括制造商、电视机批发和零售商、个人电脑及耗材[①]。

在英国，文化产业被称为创意产业。根据英国《创意产业纲领文件》（“Creative Industries Mapping Document”，2001），英国的创意产业定义为：那些源自个人创造力、技能与才能的活动，这些活动通过对知识产权的形成和开发，拥有创造就业和财富的潜力的行业，主要包括：广告、建筑、艺术品和古董市场、手工艺品、设计、时尚设计（Designer Fashion）、电影和视频、互动休闲软件、音乐、表演艺术、出版软件和电脑服务、电视和广播等 13 项[②]。英国文化、媒体和体育部在《英国创意产业比较分析》研究报告中将上述 13 个创意产业门类进一步划分为产品（Production）、服务（Services）、艺术和工艺（Arts and Crafts）三个大类。在文化创意产业范围的界定上，英国政府根据不同时期产业发展状况不断进行概念的更新，最新的文化创意产业包括 9 大类：广告与营销业，建筑业，手工艺品业，设计业（包括产品设计、绘图设计、时装设计），电影、电视、视频、广播和摄影业，IT、软件和计算机服务业，出版业，博物馆、美术馆和图书馆业，音乐、表演和视觉艺术业，涵盖范围较为广泛[③]。在政府的引导和推动下，创意产业已成为推动英国经济发展的重要动力，在增强国家软实力、提高国际影响力等方面发挥着重要作用。

在日本，文化产业被称为内容产业，日本经济产业省对内容产业做出了定义，它是指所有与电影、动画、游戏、书籍和音乐等的制作和流通有关的产业。日本相关法律规定：内容是指电影、音乐、戏剧、文学、摄影、漫画、动画、电脑游戏及其他字符、图形、色彩声音、动作或组合上述内容，又或通过电子计算机提供上述信息的程序等事物，既是由人的创造活动所产生的事物，

---

① Stephen.E.Siwek.,"Copyright Industries in the US Economy:The 2002 Report", International Intellectual Property Alliance, 2006.

② Department for Culture, Media & Sport of UK."Creative Industries Mapping Document", 2001.

③ Department for Digital, Culture, Media & Sport of UK."DCMS Sectors Economic Estimates 2017: Employment Report", 2018.

同时又属于娱乐或教育的范畴[①]。

在澳大利亚，文化产业称为创意产业。澳大利亚文化部划定的创意产业的范围包括：音乐和表演艺术，电影、电视和广播，广告和营销，软件开发和互动内容，写作、出版和印刷媒体，建筑、设计和视觉艺术[②]。

在韩国，《文化产业振兴基本法》将文化产业界定为与文化商品生产、流通、消费有关的产业。具体的行业包括：影视、广播、音像、游戏、动画、卡通形象、演出、文物、美术、广告、出版印刷、创意性设计、传统工艺品、传统服装、传统食品、多媒体影像软件、网络以及与其相关的产业[③]。

在我国，"文化产业"这一概念从产生到不断完善已有20多年的历史，首次使用"文化产业"这一概念的正式文件是2001年3月召开的第九届全国人民代表大会第四次会议通过的全国"十五"计划纲要；2004年3月29日，国家统计局公开印发《文化及相关产业分类》，将"文化及相关产业"的概念界定为："为社会公众提供文化、娱乐产品和服务的活动，以及与这些活动有关联的活动的集合。"党的十七届五中全会提出推动文化产业成为国民经济支柱性产业的战略目标后，党的十七届六中全会进一步强调推动文化产业跨越式发展的重要性，这就对文化产业统计工作提出了新的要求。同时，由于新的《国民经济行业分类》（GB/T 4754–2011）颁布实施，2009年，联合国教科文组织《文化统计框架》的发布，文化新业态的不断涌现，2012年，国家统计局对《文化及相关产业分类（2012）》做了进一步修订，修订后的"文化及相关产业"的定义完善为"指为社会公众提供文化产品和文化相关产品的生产活动的集合"，并在范围的表述上对文化产品的生产活动（从内涵）和文化相关产品的生产活动（从外延）做出解释。随着互联网时代的到来，以"互联网+"为依托的文化新业态不断涌现并发展迅猛，日益成为文化产业新的增长点，为深化文化体制改革和持续推进社会主义文化强国建设提供统计保障，建立科学可行的文化及相关产业统计制度，国家统计局于2018年颁布了《文化及相关产

① 日本《内容振兴法》第二条，http://law.e-gov.go.jp/htmldata/H16/H16HO081.html。

② "Building a Creative Innovation Economy", Cultural Ministers Council.

③ 한국콘텐츠진흥원 2013 년 콘텐츠산업 전망 Ⅱ (세부산업편) - 2012 년 결산과 2013 년 전망，韩国创意内容署：《2013年内容产业展望Ⅱ（行业分类）——2012年结算和2013年展望》。

业分类（2018）》(见附录1)，为反映我国文化及相关产业生产活动提供标准分类依据，为文化及相关产业统计提供统一的定义和范围，为发展文化产业、推进社会主义文化繁荣兴盛提供统计服务。本分类规定的文化及相关产业是指为社会公众提供文化产品和文化相关产品的生产活动的集合。其主要包括两大部分：一是“文化核心领域”，以文化为核心内容，为直接满足人们的精神需要而进行的创作、制造、传播、展示等文化产品（包括货物和服务）的生产活动，具体包括新闻信息服务、内容创作生产、创意设计服务、文化传播渠道、文化投资运营和文化娱乐休闲服务等活动；二是“文化相关领域”，为实现文化产品的生产活动所需的文化辅助生产和中介服务、文化装备生产和文化消费终端生产（包括制造和销售）等活动。

二、文化企业

企业是依法设立并以营利为目的，通过从事商品生产、流通和服务等经济活动满足社会需要，实行自主经营独立核算的经济组织，是组成产业的基本单位。文化企业，则以企业为组织形式而存在，当然，具备上述概念中提到的企业一般属性，是文化产业的核心载体和重要平台。与此同时，文化企业又因其所从事的行业的特殊性，而与其他企业有着明显的区别，它是专门生产和提供精神文化艺术等方面的具有创造性的产品和服务的营利性组织。相对于对文化产业概念的界定，对文化企业的界定则较少。一些学者对文化企业进行了界定，部分地方政府也根据当地政府部门对文化产业、文化创意产业的概念界定了文化企业。

学术界对文化企业的定义因视角不同而有不同的内涵，主要围绕两个角度展开，一是经营目的与内容方面，二是在前者的基础上，将范围扩展到精神内容要素方面。

第一个视角是较为早期文献中的定义，弗朗索瓦·科尔伯特（2002）将文化企业定义为生产、制造文化产品并对其进行销售的专业性机构[①]。胡惠琳（2006）认为文化企业与其他企业的本质差异是提供满足人们精神消费需求的

---

① ［加］弗朗索瓦·科尔伯特：《文化产业营销与管理》，高福进等译，上海人民出版社2002年版。

产品与服务，而一般企业提供的是满足人们物质文化需求的产品与服务[①]。李向民等（2006）认为文化企业是以文化、创意和人力资本等无形资源为主要投入要素，提供文化产品和服务并获取利益的企业，经营目标是利润最大化[②]。蔡嘉清（2007）将文化企业视作以赚取利润和发展经济为目的的文化生产与文化消费活动的组织者[③]。从早期对文化企业界定的概念来看，主要还是从企业作为产品和服务的生产功能出发，把文化企业视为追求经济利润最大化的生产组织，尚未深刻认识到文化企业在传播精神文化、引领社会风尚等创造社会效益方面的重要性。

随着产业的不断发展，文化企业的定义已经不仅局限于一般意义上的文化产品和服务的提供者，其范围更是扩展到以精神内容为要素的衍生产品的生产和销售。钟虎妹（2006）认为文化企业是以文化产品与服务为生产交易与对象，最终满足人们精神和娱乐的文化心理要求的企业[④]。陈少峰等（2012）将文化企业定义为以文化、艺术、传媒等业务及其相关服务为核心，以文化内容生产、新闻与文化传播、文化产品生产制造为主营业务的企业，此外还有文化项目策划机构以及艺术工作室[⑤]。向勇（2012）延伸了文化企业的界定范围，将文化产品销售收入在营业收入中占比超过40%的传统企业也归类为文化企业[⑥]。刘颖（2015）将文化企业归纳为：依法设立并以营利为目的，以文化内容和创意成果为核心价值，以知识产权为保障，通过从事创意产品和服务的创作、生产、传播和销售等经济活动，满足社会公众文化体验、消费需求的经济组织[⑦]。

基于国别文化的差异，不同的国家对文化企业也有不同的定义。在法国，把文化企业定义为“传统文化事业中特别具有可大量复制性的企业”[⑧]。韩国界

① 胡惠林：《关于区域文化产业战略与空间布局》，《山东社会科学》2006年第2期，第5—14页。
② 李向民、王晨、成乔明：《文化产业管理概论》，书海出版社2006年版，第71—75页。
③ 蔡嘉清：《文化产业营销》，清华大学出版社2007年版。
④ 钟虎妹：《企业核心竞争力：企业格式塔知觉整合竞争》，《求索》2006年第10期，第85—86页。
⑤ 陈少峰、张立波：《中国文化企业报告2012》，华文出版社2012年版。
⑥ 向勇：《建立规范的文化产业统计指标体系》，《光明日报》2012年5月22日。
⑦ 刘颖：《中国文化创意企业创意效率研究》，中国矿业大学（北京）博士学位论文，2015年，第33页。
⑧ 苑捷：《当代西方文化产业理论研究概述》，《马克思主义与现实》2004年第1期，第98—105页。

定其为“与文化商品的生产、流通、消费有关的企业”①，日本和欧盟视其为内容企业，指所有与电影、动画、游戏、书籍和音乐等的制作和流通有关的企业活动。澳大利亚称之为文化娱乐企业，包含艺术、歌剧、音乐剧、电影、电视制作、互动游戏及数字内容等②。英国则叫创意企业，强调创意在企业中的地位，主要是指通过个人创造力、技能与才能展开经营，形成对知识产权的保护与开发③。美国称为版权企业，主要侧重文化艺术、影视、图书、音乐唱片等方面的产品和服务提供④。

本书根据我国国家统计局在《文化及相关产业分类（2018）》中对于文化产业的内涵与外延作出的界定，将文化企业定义为“为社会公众提供文化产品和文化相关产品的生产活动的企业”，后文对上市文化企业的筛选也采用这一标准。

三、公司治理

公司治理是伴随着企业制度同步产生、发展与完善起来的，随着社会经济的发展、企业的改革以及经济体制的变化逐步发展、变化。Berle 和 Means（1932）最早提出了现代公司开始出现所有权和经营权相分离的情况⑤，之后人们逐渐形如关注公司治理问题。Williamson（1975）最早提出了“治理结构”（Governance Structure）的概念⑥，到 20 世纪 80 年代，学者们才开始正式提出“公司治理”（Corporate Governance）的概念。我国学术界将“Corporate Governance”翻译为公司治理、公司治理结构及法人治理结构等。公司治理一直是政府、企业、学者们关注的重点问题，但对于其内涵，学者们的意见并未达成一致。

---

① 赵丽芳、柴葆青：《韩国文化产业爆炸式增长背后的产业振兴政策》，《新闻界》2006 年第 3 期，第 91—93 页。

② 陈养明：《文化创意产业发展的国外经验与借鉴：基于政府作用的视角》，云南财经大学硕士学位论文，2013 年。

③ Department for culture, Media&sport of UK:"Creative Industries Mapping Document, 2001", https://www.gov.uk/government/publications/creative-industries-mapping-documents-2001.

④ 安宇、田广增、沈山：《国外文化产业：概念界定与产业政策》，《世界经济与政治论坛》2004 年第 6 期，第 6—9 页。

⑤ Berle, A. A., Means, G. C., "The Modern Corporation and Private Property", Macmillan,1932.

⑥ Williamson, O.E.,"Markets and Hierarchies Analysis and Antitrust Implications:A Study of Internal Organization", The Free Press, 1975.

Shleifer 和 Vishny（1997）认为公司治理是保证投资者获得合理回报并按时收回投资的各种方法的总称，主要包括两方面的内容：一是企业内部管理人员可能会为谋求自身利益执行违规操作的行为，这会威胁到外部投资者的利益，企业为获得资金的流入需要获得外部投资者的信任，可以通过向投资者提供资金回报获取信任；二是企业通过设立股东大会集中投资者的所有权，可以为投资者提供法律保障[①]。青木昌彦等（1999）指出公司治理是为了让利益相关者实行权利配置的制度安排，其中利益相关者包括股东、管理层和董事会等[②]。世界银行报告认为公司治理是被股东采用的一套用来影响管理者实现股东价值最大化目标的工具和机制（例如，合同、法定权利和市场），这些工具和机制可以被固定收入索取者（例如，银行和雇员）用来控制股权的代理成本[③]。《新帕尔格雷夫货币与金融大词典》中“公司治理”词条也强调了“工具和机制”，但 Tirole（2001）认为这一词条所采用的视角过于狭隘，过度强调了公司控制权市场，他认为一个好的治理结构是能选择出最有能力胜任经营管理职位的职业经理人，并能够对投资者负责，也就是说用来解决逆向选择和道德风险[④]。

国内学者也相继对公司治理的内涵进行了研究探索。吴敬琏（1994）认为公司治理结构是指由所有者、董事会和高级管理人员组成的一种组织结构。在这种结构中，上述三者形成相互制衡的关系。通过这一结构，所有者将自己的资产交由董事会管理，董事会是公司的最高决策机构，拥有对高级管理人员的聘用、奖惩以及解雇权；高级管理人员受雇于董事会，在董事会的领导下组成执行机构，在董事会的授权范围内经营企业[⑤]。在林毅夫等（1997）看来，公司治理是企业所有者为监督和管理公司的经营过程及决策机制所采用的一系列制度体系，从一般意义上讲，公司治理是指企业内部的管理和监督结构，但依托

---

① Shleifer.A., Vishny.R.W.,"A Survey of Corporate Governance", *Journal of Finance*, 1997(6): 737-783.

② ［日］青木昌彦、奥野正宽：《经济体制的比较制度分析》，中国发展出版社 1999 年版。

③ 斯道延·坦尼夫、张春霖、路·白瑞福特：《中国的公司治理与企业改革（中文版）》，张军扩等译，中国财政经济出版社 2002 年版。

④ Jean Tirole,"Coporate Governance", *Econometrica*, 2001(1):1-35.

⑤ 吴敬琏：《现代公司与企业改革》，天津人民出版社 1994 年版。

市场竞争而产生的外部治理结构实际上更为重要[①]。李维安（2000）从狭义和广义两个角度探讨了公司治理的内涵，从狭义角度来看，公司治理是股东、管理者和董事会相互制衡的机制；从广义角度上看，公司治理是公司整体与利益相关者间的平衡关系架构，利益相关者包括企业债权人、所有人和监管机构[②]。白重恩等（2005）认为，狭义的公司治理结构由董事会和股东会构成；广义的公司治理还包括公司制度、公司章程、公司发展目标和政策方法等，以及如何应对经营风险、如何实现经营目标、如何增加经济收益和如何在公司成员间分配利润等问题[③]。

由此可以看出，学者们从不同角度对公司治理的概念进行了界定，尽管视角和侧重点不同，但都离不开股东、董事会、高级管理人员这些基本的治理主体。本书对文化及相关产业类企业公司治理问题的探讨，沿着李维安教授对公司治理的界定，主要讨论文化及相关产业类上市公司中的股东、董事会、高管人员治理机制之间是如何相互制衡的，并检验不同治理机制的治理效果。

第三节　主要内容及研究特色

一、研究内容

本书的主要内容安排如下：

一是对文化企业公司治理特殊性的理论分析。作为具有商品属性和追求经济效益的现代企业，文化企业的所有权与经营权分离，不可避免地出现股东与管理者、大股东与小股东之间的委托代理问题；股东无法亲自经营企业，选举委托董事会进行管理，董事会再聘用高级管理人员进行日常经营，但股东、董事会对企业经营的信息掌握得不如管理人员多，因此，股东需要通过激励和约束机制来引导和限制高层管理人员的行为，等等。所有公司治理的一般性问题在文化企业中都会存在，因此，对文化企业公司治理问题的研究仍可以采用现有的公司治理分析的框架和理论。然而，文化企业还具有意识形态属性和社会

---

① 林毅夫、李周：《现代企业制度的内涵与国有企业改革方向》，《经济管理文摘》2002 年第 17 期，第 30—34 页。

② 李维安：《改革实践的呼唤：中国公司治理原则》，《中国改革》2000 年第 10 期，第 26—30 页。

③ 白重恩、刘俏、陆洲：《中国上市公司治理结构的实证研究》，《经济研究》2005 年第 2 期，第 81—91 页。

效益，双重属性和两个效益的特殊性使得文化企业在具体的公司治理实践中体现出很多特殊性。文化产品所携带的意识形态和价值观决定了必须高度重视文化企业的意识形态属性，要把社会效益放在首位，不能为了获取短期的经济效益而置社会效益于不顾。但具有好的社会效益的文化产品要保持生命力和竞争力，也是需要经济效益支撑的。因此，文化企业治理要遵循社会效益第一，兼顾经济效益的原则。要贯彻这一原则，需要在具体的治理结构、治理机制、治理政策上有所创新。因此，本书将首先从理论上厘清文化企业公司治理的特殊性，包括治理原则的确定、治理主体的增加、治理机制的特殊等内容。

二是对文化及相关产业上市公司治理现状的全面分析。企业要上市，即企业通过证券交易所首次公开向投资者增发股票，在注册资金、股权结构、经营时间、股本、净利润等方面需要具备一系列的要求。因此，可以说，上市公司在很大程度上代表了一个产业中最为先进的生产力主体，在中国尤其如此。文化企业是文化产业发展的重要平台，中国文化产业的繁荣，必然要依托文化及相关产业上市公司的不断发展壮大；而文化及相关产业上市公司的发展水平，也代表了中国文化产业的发展与繁荣程度[①]。因此，通过文化及相关产业类上市公司考察整个产业内企业的治理水平具有特别重要的标杆意义：第一，来自上市公司的第一手的微观数据更加接地气，能够直观、系统、全面地反映文化企业公司治理发展的动态、现状及存在的问题；第二，能够反映整个行业内部企业治理的方向。因此，本书对 237 家文化及相关产业类上市公司的治理现状对照《公司法》《证券法》《上市公司治理准则》等法律法规的规定进行了分析，并结合调研、访谈等资料对存在的问题进行了归纳概括。

三是对文化及相关产业上市公司治理效果的实证检验。对文化及相关产业上市公司治理数据的收集、整理和分析实际上还停留在对治理机制进行合规设计的描述性统计层面。至于这些机制是否发挥了预期的效果、治理效果如何是无法据此判断的。因此，还需要进一步进行实证检验。在 237 家文化及相关产业上市公司的基本样本基础上，我们选取了自 2013 年开始上市至 2019 年 12 月 31 日仍存续的 128 家企业作为实证检验的样本。在公司治理研究的基本框

---

① 臧志彭、解学芳：《中国文化及相关产业上市公司研究报告：2011—2013》，知识产权出版社 2015 年版。

架下，充分考量文化企业的双重属性和两个效益，实证检验了股权治理、董事会治理、高管激励机制的治理效果①。

四是完善文化及相关产业上市公司治理的政策建议。公司治理是现代企业制度的核心内容，良好的公司治理可以促进企业的股权结构合理化、加强企业的内部控制、降低企业的代理成本、增强企业的核心竞争力、提高企业的经营业绩、实现企业的可持续发展。文化企业公司治理的合理程度不仅会影响企业的经济效益，还会影响社会效益，而社会效益的辐射范围要远超于企业自身。因此，完善文化企业公司治理是推动产业发展的重要一环。在全面把脉我国文化及相关产业上市公司治理现状及治理效果的基础上，深刻把握文化企业的双重属性和两个效益的特殊性，把文化企业的社会效益放在首位，兼顾经济效益，提出文化企业公司治理机制的完善政策与建议。

二、本书特色

随着国家对文化产业发展的重视以及文化产业实践的深入发展，对文化产业的研究越来越多、越来越深入。但已有研究大多还是从宏观或中观层面展开讨论，以文化企业尤其是文化及相关产业上市公司为研究对象的微观层面的研究还较少。本书以文化及相关产业上市公司的治理为研究对象，在以下四个方面进行了探索性研究。

（1）从理论上完善了文化企业公司治理的分析框架。本书以经典公司治理理论为基础，深刻把握文化企业的双重属性和两个效益，尝试性地系统分析文化企业公司治理的原则；围绕如何实现社会效益放在首位、兼顾经济效益的目标，探讨了治理主体的增加、治理机制的创新、双效考核标准等问题。

（2）对现有的文化及相关产业上市公司治理数据进行了全面的整理。根据国家统计局最新发布的《文化及相关产业分类（2018）》提出的分类方式对上海证券交易所、深圳证券交易所的A股上市公司，按照他们的实际经营内容进行辨认、甄选和整理，最终得到237家文化及相关产业上市公司，形成了本书的基础研究样本。借助于国泰安、同花顺、锐思等数据库，以及巨潮资讯网、上海证券交易所、深圳证券交易所、上市公司网站等网站信息，收集整理了

① 鉴于实践中监事会的治理效果以及已有文献关注的重点，后文并未对监事会的治理效果进行实证检验。

237 家文化及相关产业上市公司的治理数据，包括股权治理数据、董事会治理数据、监事会治理数据、高管治理数据。这应该是第一本全面、详细描述文化及相关产业上市公司治理数据的专著。

（3）多方调研文化企业公司治理实践。文化企业治理不同于其他企业，因此，要深入了解治理特点，还要深入实践，多方了解实践。因此，作者一方面到出版社、文化贸易公司、文化投资公司、互联网公司进行了实地调研，了解了不同类别文化企业的产品特点、运营特点，同高管人员进行了访谈，深入了解文化企业公司治理的特点、实践中存在的困惑和问题；另一方面，对政府机构工作人员、科研工作人员、证券中介机构工作人员进行了访谈，包括对原文化部文化产业司、原新闻出版广电总局领导的访谈，与文化产业智库研究人员的交流，与证监会监管部门、投资银行等人员的交流等，了解政策导向、监管以及文化企业上市中的一些问题。

（4）实证检验公司治理机制的治理效果。已有对文化产业的分析，大多还是停留在规范分析阶段，定性分析或个案研究较多，以上市公司大样本数据的实证研究较少。本书利用文化及相关产业上市公司的数据，在完善文化企业公司治理理论分析框架的基础上，设计了合适的模型，实证检验了文化企业现有的治理机制对企业绩效的影响，为从完善公司治理视角提升企业绩效提供了强有力的证据。

第二章

文化企业公司治理理论及研究的进展

自20世纪30年代以来，公司治理问题一直是企业研究中的焦点和热点问题之一。丰富的公司治理实践推动着理论的不断发展、创新和完善，面对日益发展的公司治理问题，学者们持续探索，从多重视角去分析、解释这些问题。公司治理理论的完善又更好地指导了实践的开展。本章梳理了公司治理的经典理论，归纳概括了以往公司治理研究的领域，并尽可能全面地综述了文化企业公司治理的文献。

第一节　公司治理理论及研究的进展

一、公司治理理论的演进

1. 委托代理理论

Berle 和 Means（1932）首先提出了委托代理理论，该理论提倡所有权、经营权两权分离，委托人通过支付薪酬的方式将企业委托给代理人进行经营管理，代理人要每隔一段时间将公司的经营成果和资源利用状况反馈给委托人。现实中，多数企业的所有权和经营权相分离，股东仅拥有全部股权，由管理者控制企业经营管理活动。从理论上看，经营者应为股东谋利益，但实际上管理者未必会以股东利益最大化为目标进行经营管理。委托代理问题由此而生，所有者更关注企业的经营绩效和利益最大化，追求企业的成长性和盈利性；而管理者作为受托者更在乎自己能够从中获利多少，渴望获得丰厚的报酬和晋升机会，这必然会导致委托人和代理人的利益冲突。委托代理问题主要体现在以下两方面：

（1）股东与经营管理者之间的委托代理问题。所有者与经营者的效用函数不一致，经营者可以利用自身所掌握的企业内部经营的信息优势为自己谋求更高的薪酬、更舒适的办公条件、带薪休假等更多个人利益，而不是按照股东的意愿为企业谋求最大价值。因此，管理者在企业运营中往往会实施一些不利于企业发展的行为，比如企业所有者聘请具有经营管理能力的职业经理人来经营企业，自己只保留剩余价值索取权，期望管理者能够按股东的意愿为企业谋求最大价值。但此时职业经理人仅以合约与企业所有者达到彼此利益的相对一致，这在一定程度上存在风险，在缺乏约束条件的情况下管理者往往会实施一些不利于企业发展的行为。例如，在进行投资决策时选择风险小、收益低的项目，避开风险高、潜力大的项目，不利于企业的长期可持续发展；或利用信息不对称的优势，采取财务舞弊行为为自己谋利润，这也是导致许多上市公司产生财务舞弊问题的原因；或私自非法挪用企业资金和其他企业资产。因此，理想状态下的委托代理模式很难达到，实际经营活动中为解决代理问题还需要付出委托代理成本，包括股东为激励和监控管理者为其尽力地监督成本、管理者用以保证不实施损害股东权益行为的约束成本和管理者代为决策与股东自行效用最大化决策之间相差的剩余损失。

（2）大股东与小股东之间的委托代理问题。在股权较集中的企业里，大股东掌握企业的绝对控制权，能够按自己的想法任命和监督管理层，同时大股东可能为谋求自身利益侵害中小股东的利益，这是由于大股东的绝对控制权能帮助其绕过股东大会和董事会的监管，中小股东无法影响董事会和股东大会的决议。大股东和中小股东凭所持股份获得企业利润分配，不同的是中小股东仅获得企业资本收益，大股东除此之外还能获得控制权和私有收益，因此，大股东与小股东存在代理冲突。

2. 信息不对称理论

信息不对称理论认为在市场交易过程中买卖双方掌握信息的程度是不一致的，卖方比买方掌握更多的信息，并利用信息优势获利。信息掌握的不对等，使得交易双方能够在不同程度上影响市场交易，增加交易者发生“逆向选择”和“道德风险”的概率。逆向选择是指掌握信息较少的劣势方因不能全面了解真实情况，在决策过程中可能做出错误的判断和决定；道德风险是指交易中掌握信息较多的一方刻意隐瞒真实情况或欺骗掌握信息较少的一方，造成信息劣势者做出错误决策。

现代企业的所有权与控制权分离，信息不对称主要体现在以下方面：一方面，企业管理者比所有者掌握的生产经营信息更细致全面，当管理者与股东产生利益冲突时，管理者有可能会违背与股东的约定，为获得自身利益隐瞒对股东和企业有利的信息，做出不利于企业发展的决策，信息不对称此时就成为引发管理层道德风险的机会；同时，管理者为获得股东的信赖，在应聘面试及与企业签订合同时可能会刻意隐瞒或编造一些信息，如自身的业务水平、发展能力及发展意愿等情况，这也会影响企业的日常生产经营活动及日后稳定发展。另一方面，企业大股东相较于小股东更具有信息优势，更了解企业的经营状况，基本掌握了企业的控制权，更有能力和优势参与企业治理和经营管理，在决策时处于强势地位。大股东往往会忽视中小股东的建议和想法，为了企业的长远发展和自身利益进行决策，中小股东由于处于信息劣势地位，无法有效对大股东的决策实施监督管理，因此，只能采取"用脚投票"的方式"搭便车"。

3. 信号传递理论

投资者和企业管理者对企业内部信息的掌握不对称，内部管理者比外部投资者拥有更多内部信息，更了解投资风险、未来收益率、投资项目质量及企业发展稳定性等，外部投资者只能在管理者披露信息的基础上判断投资价值。而信号传递理论为投资者提供了一个更宽广的了解投资项目的视角。

首先，投资者可以通过管理层所采取的研发活动情况及对研发的态度判断企业的发展能力，企业披露的财务报表也会展示与研发情况相关的信息，包括研发投入的数量、以往研发活动的成功率以及研发项目的进展情况等，投资者可通过这些信息综合评估企业的投资可行性。若企业有能力投入大量资金进行研发，说明企业的经营状况良好，管理层希望通过创新增强企业的核心竞争力，对企业的长期稳定发展有充足的信心，向外部投资者传递了利好信号。其次，政府对企业的补助也能够提高投资者的信心，政府补贴体现了政府对企业的扶持和对企业生产经营活动的认可，能够展现企业良好的社会地位，给投资者传递出企业能够稳健经营的信号。再次，企业的资本结构也蕴含着企业的内部信息，债务结构是资本结构的重要组成部分，外部投资者可以通过企业的债务期限来判断企业的经营情况和项目质量。Ross（1977）首次将信号传递理论引入资本结构，系统地阐述了企业通过债务期限传递信息的理论[①]。由于增加债务规模会提高企业的破产风险，所以当企业管理者大规模扩大债务融资范围

① Ross.S.A.,"The Determination of Financial Structure: The Incentive-Signalling Approach", *The Bell Journal of Economics*, 1977, 8(01):23-40.

时，意味着企业运营较好，现金流充足，此时就向外部投资者传递了企业高质量的信号。但若企业不停地进行债务融资，也会引起投资者的疑虑。最后，企业向股东分配股利也向投资者传递了积极有利的信号，特别是预期外的股利分配，更加展示了企业具有良好发展前景的信息。

4. 利益相关者理论

与传统的股东至上理论相比，利益相关者理论更关注整体利益，认识到企业发展要依靠各个利益相关者的共同参与，包括股东、债权人、员工、顾客、社会及政府，其中股东和债权人共同承担企业经营风险，员工为企业生产经营活动提供人力支持，顾客是企业产品与服务的接受者，政府与社会公众对企业行为进行规范与监督。各个利益相关者在企业日常经营中会投入一定的资源和资金，因此，也需要承担不同程度的责任和风险，管理者应定期了解利益相关者的需求并充分接受约束与监督。为实现企业价值和各利益相关者利益最大化，企业在满足各利益相关者合理需求的同时，还需与各利益相关者建立良好的合作伙伴关系，为企业持续稳定发展奠定基础。

在公司治理中，利益相关者理论要求企业所有者不能仅考虑自己的利益，避免盲目追求财富最大化，应同时鼓励员工、政府、媒体和社会公众等利益相关者对企业经营管理问题提出自己的建议，让利益相关者都拥有话语权，管理人员开展经营管理活动需考虑平衡各个利益相关者的需求。在创造利润的同时承担起社会责任，与利益相关者建立友好关系，只有彼此间相互信任，才能实现多赢。

5. 资源基础理论

企业拥有有形资源和无形资源，资源基础理论认为这些资源是固定且不能被轻易模仿替代的，若这些资源被企业充分合理利用，能够促进企业形成独特的竞争力，是企业保持永续竞争力的源泉。资源基础理论关注企业资源的异质性，从差异化角度解释不同企业核心竞争力的来源：第一，企业竞争优势来自不同企业的异质性资源，合理配置和运用资源是企业实现最大化收益的关键；第二，企业从中获得持续竞争优势是由于这类资源的不可替代性，但在市场经济的利益驱动下其他企业会采取多种手段相继模仿企业的独特资源，此时异质性所带来的经济收益会慢慢减少直至消失；第三，企业资源对企业长远发展具有重要作用，企业的发展过程中会涌现出许多机会和挑战，在维护好现有资源的同时还要通过知识学习、组织管理和建立外部网络等方法不断获得新的优势资源。

二、我国公司治理研究的进展

国外对公司治理的研究较早，文献较多，且一直引领着理论的创新。早期公司治理研究的热点集中在如何通过一定的激励和约束机制来减轻两权分离所带来的委托代理问题，随着经营管理复杂性的提高以及管理层薪酬水平的不断上涨，学术界强调通过专业性的董事会建设制约经理层的权力。特别是机构投资者的崛起、股东积极主义的兴起，健全外部控制权市场、劳动力市场和产品市场成为其研究的焦点。金融危机以后，重塑以金融机构治理机制为代表的公司治理日益引起政府、企业以及学术研究机构的重视，为国际金融危机中金融机构的公司治理问题提供了新的观点①。

国内学者在借鉴国外研究成果的基础上，最初对公司治理的定义进行了界定，如吴敬琏（1994）、张维迎（1995）、林毅夫（1997）、李维安（2000）、张春霖（2002）等知名专家学者都对公司治理的内涵从不同视角进行了界定。自此以后，国内关于公司治理的研究慢慢展开并日渐增多。

对公司治理机制的研究。孔永祥（2002）、于东智（2003）②、李常清（2004）③、蒲自立和刘芍佳（2004）④、郑志刚和吕秀华（2009）⑤等在董事会规模、独立董事制度、董事会独立性、董事会领导结构等问题上，对中国上市企业的数据样本进行了实证研究。陈震和张鸣（2008）⑥、刘凤委、孙铮和李增泉

① 李维安、郝臣、崔光耀等：《公司治理研究 40 年：脉络与展望》，《外国经济与管理》2019 年第 12 期，第 161—185 页。

② 于东智：《企业理论与公司治理》，经济科学出版社 2003 年版。

③ 李常清：《董事与董事会的职责与功能》，《财经研究》2004 年第 3 期，第 117—120 页。

④ 蒲自立、刘芍佳：《论公司控制权及对公司绩效的影响分析》，《财经研究》2004 年第 10 期，第 5—14 页。

⑤ 郑志刚、吕秀华：《董事会独立性的交互效应和中国资本市场独立董事制度政策效果的评估》，《管理世界》2009 年第 7 期，第 133—144 页、第 188 页。

⑥ 陈震、张鸣：《业绩指标、业绩风险与高管人员报酬的敏感性》，《会计研究》2008 年第 3 期，第 47—54 页、第 96 页。

(2007)[①]、杜兴强和王丽华(2007)[②]、韩慧娟(2013)[③]对高管薪酬的治理效应进行了实证检验，研究证实了对高管的股权激励能够对公司治理产生积极影响，同时也发现了这种方式的不稳定性，作者建构的实证模型尚不足以反映现实中复杂的经济活动。唐清泉、罗党论和王莉(2005)对我国上市公司中由于股权高度集中带来的大股东的隧道挖掘行为进行了实证检验[④]，毛世平(2009)实证检验了金字塔控制结构下的股权制衡产生的治理效应[⑤]。

从所有制维度开展公司治理研究。白重恩等(2005)[⑥]、李维安等(2009，2010)[⑦]、曲亮等(2016)[⑧]在国外经典公司治理理论的基础上，结合我国社会主义市场经济的特殊国情，针对国有企业和民营企业这两类主流经济主体的不同之处，对公司治理理论进行了有价值的补充完善。在基础理论不断完善的基础上，相关实证研究也逐步展开，内容越来越丰富，方法越来越多样化。

从行业维度开展企业公司治理研究。随着我国改革开放进程的推进，我国企业的行业分工日趋细化、行业特质逐渐显著，公司治理的相关研究也对此进行了实时关注。例如，郑志刚、殷慧峰和胡波(2013)对制造业上市公司的治理机制，包括股权性质、外部法律环境、税务实施的治理效果进行了实证检验[⑨]；鲁桐和党印(2014)从企业对生产力要素的依赖特征出发，对比考察劳动密集、资本密集和技术密集等行业的代表性企业，研究包括股权结

① 刘凤委、孙铮、李增泉：《政府干预、行业竞争与薪酬契约——来自国有上市公司的经验证据》，《管理世界》2007 年第 9 期，第 76—84 页、第 128 页。

② 杜兴强、王丽华：《高层管理当局薪酬与上市公司业绩的相关性实证研究》，《会计研究》2007 年第 1 期，第 58—65 页、第 93 页。

③ 韩慧娟：《高管薪酬与公司绩效实证分析》，《财会通讯》2013 年第 11 期，第 26—28 页。

④ 唐清泉、罗党论、王莉：《大股东的隧道挖掘与制衡力量——来自中国市场的经验证据》，《中国会计评论》2005 年第 1 期，第 63—86 页。

⑤ 毛世平：《金字塔控制结构与股权制衡效应——基于中国上市公司的实证研究》，《管理世界》2009 年第 1 期，第 140—152 页。

⑥ 白重恩等：《中国上市公司治理结构的实证研究》，《经济研究》2005 年 2 期，第 81—91 页。

⑦ 李维安等：《双重公司治理环境、政治联系偏好与公司绩效——基于中国民营上市公司治理的转型研究》，《中国工业经济》2010 年第 6 期，第 85—95 页。李维安、郝臣：《中国公司治理转型：从行政型到经济型》，《资本市场》2009 年第 9 期，第 112—114 页。

⑧ 曲亮、谢在阳、郝云宏等：《国有企业董事会权力配置模式研究——基于二元权力耦合演进的视角》，《中国工业经济》2016 年第 8 期，第 127—144 页。

⑨ 郑志刚、殷慧峰、胡波：《我国非上市公司治理机制有效性的检验——来自我国制造业大中型企业的证据》，《金融研究》2013 年第 2 期，第 142—155 页。

构、激励措施等不同特点的治理结构对企业技术创新能力的影响[①]；傅传锐和洪运超（2018）对包括科技行业上市公司股权治理、董事会与监事会治理、管理层激励在内的公司治理水平与智力资本信息披露间的相关性进行了研究[②]；董迎秋和王瑞涵（2018）基于保险业特殊性对完善行业公司治理的研究[③]；杨镇泽（2019）基于保险业公司治理目标的特殊性，提出了监管的创新方式[④]；李晓庆和朱苏祺（2020）基于CAMEL评级体系评价了我国59家商业银行2008—2017年间的公司治理绩效[⑤]。

对公司治理效果的检验。随着公司治理改革成为全球性的焦点问题，公司治理研究内容和重点也在不断变化。目前，治理质量与质量环境备受关注，研究重心转移到公司治理评价和治理指数[⑥]。白重恩等（2005）最早对中国上市公司的治理效果开展综合评价[⑦]；南开大学中国公司治理研究院李维安教授带领团队自2003年起，根据上市公司连续17年（2003—2019年）的数据，对公司治理效果进行跟踪评价，制定并发布了中国上市公司治理指数（CCGI），作为国内最早发布并被誉为上市公司治理状况“晴雨表”的公司治理指数，该指数在国内外产生了广泛影响，得到国务院国资委、证监会等相关部门的充分肯定和学术界、企业的广泛应用。这一指数从股东治理、董事会治理、监事会治理、经理层治理、信息披露和利益相关者治理六大维度对上市公司治理状况进行全方位诊断。中国上市公司治理评价结果显示，中国上市公司治理水平在2003—2019年总体上不断提高，经历了2009年的回调，金融危机之后，趋于逐年上升态势，并在2019年达到新高，为63.19分。六大维度中除了经理层治理和利

① 鲁桐、党印：《公司治理与技术创新：分行业比较》，《经济研究》2014年第6期，第115—128页。

② 傅传锐、洪运超：《公司治理、产品市场竞争与智力资本自愿信息披露——基于我国A股高科技行业的实证研究》，《中国软科学》2018年第5期，第123—134页。

③ 董迎秋、王瑞涵：《我国保险行业公司治理实践探析》，《保险理论与实践》2018年第4期，第71—80页。

④ 杨镇泽：《保险公司治理的监管创新研究——保险公司特殊性的视角》，《中国保险》2019年第4期，第8—11页。

⑤ 李晓庆、朱苏祺：《基于WRDDM模型的我国商业银行公司治理绩效评价》，《统计与决策》2020年第3期，第136—140页。

⑥ 李维安、郝臣、程新生等：《中国上市公司治理评价研究——基于2019中国上市公司治理指数的分析》，《中国企业改革发展优秀成果2019（第三届）上卷》，中国商务出版社2019年版，第15页。

⑦ 白重恩等：《中国上市公司治理结构的实证研究》，《经济研究》2005年2期，第81—91页。

益相关者治理之外均呈上升态势，其中股东治理和监事会治理提高最为显著[①]。北京师范大学公司治理与企业发展研究中心主任高明华教授于2007年在国内外率先提出了“中国公司治理分类指数”概念，并创立了“中国公司治理分类指数数据库”，推出了“中国公司治理分类指数系列报告（2009—2019）”，包括高管薪酬指数、自愿性信息披露指数、财务治理指数、企业家能力指数、董事会治理指数和中小投资者权益保护指数。2019年报告首次计算了中国上市公司治理总指数[②]。具体来看，2015—2018年，中国上市公司治理总指数处于持续上升中，从2015年的44.80分上升至2018年的48.56分，但仍处于偏低水平[③]。

归纳上述研究成果，可以看到，研究公司治理理论及实践的主要工具就是委托代理理论、信息不对称理论，而研究的核心也主要是现代企业中多层次的委托代理问题。目前的主流研究大多从分类的角度出发，以委托代理关系中不同个体的自身特性为切入点，如董事、监事和高级管理人员（以下简称董监高）的学历、年龄等，却疏忽了个体所身处的社会网络。在现实社会系统中，行动者的决策行为嵌入整体社会网络之中，组织和个体的社会关系特征对其决策选择有着重要影响 Granovetter（1985）[④]，即“理性人”也具有“社会人”的一面。因此，学术界开始寻求其他视角来解决传统理论的“低度社会化”问题。在公司治理理论方面，从个体的社会关系网络入手，能够为公司治理理论提供更全面的分析视角和更有力的分析工具[⑤]。公司治理一般理论的不断完善及实证研究成果的丰富为文化产业公司治理问题的探讨奠定了坚实的基础，提供了大致的分析框架。

---

① 李维安、郝臣、程新生等：《中国上市公司治理评价研究——基于2019中国上市公司治理指数的分析》，《中国企业改革发展优秀成果2019（第三届）上卷》，中国商务出版社2019年版，第15页。

② 该指数指标的选取与南开大学中国公司治理研究院发布的中国上市公司治理指数（CCGI）指标选取有所不同，由此导致指数数值不同。

③ 高明华、刘波波等：《中国上市公司治理分类指数报告》，社会科学文献出版社2019年版。

④ Granovetter.M.,"Economic Action and Social Structure: The Problem of Embeddedness", *American Journal of Sociology*, 1985,91(3): 481–510.

⑤ 李维安、齐鲁骏：《公司治理中的社会网络研究——基于科学计量学的中外文献比较》，《外国经济与管理》2017年第1期，第68—83页。

第二节 文化企业公司治理研究的进展

现阶段，关于文化产业的研究无论是专著还是论文都大部分集中在宏观和中观层面，且以规范研究居多，从企业微观层面进行研究的论述并不多见，以上市文化企业作为研究对象的更是少之又少。

一、以文化企业为研究对象的著作

我国在很长一段时间内实行传统的文化管理体制，重视发展文化事业，而对文化经营单位的关注不足，导致很长一段时间内，文化事业单位成为政府关注的重点，而对文化企业的重视不够，这在学术研究中就表现为以文化企业为对象的研究起步较晚、数量较少。

北京大学文化产业研究院副院长陈少峰教授自 2012 年起开始出版《中国文化企业报告》[①]，这是当时国内第一部以文化企业为对象的专题研究报告。报告通过对我国文化企业的发展环境、文化产业发展趋势以及国家相关产业政策等的分析，透视国内文化企业的运营状况、内在规律及发展前景，借此为文化企业和文化产业投资机构了解中国文化产业发展动态、把握企业发展定位、进行合理的战略决策提供有价值的参考。该报告至今已连续出版 7 年，对我国文化企业发展状况、存在问题、趋势前景、对策思考等进行了持续性分析以及对相关案例进行剖析，突出产业发展趋势研究和企业经营管理问题的对策性研究[②]。张晓明和史丹辉（2014，2016）以“从第三次经济普查看中国文化企业”为主题，基于第三次全国经济普查数据，通过一系列统计分析和专项调研，围绕企业数量、从业人员、资产、产出、盈利性、劳动生产率等项指标，通过大量的数据整理从部分、大类、中类三个层面全面深入地揭示当时中国文化企业的发展状况与特征，为进一步进行文化企业的研究提供了丰富的数据[③]。臧志彭和解学芳（2015）在国内第一次对文化及相关产业上市公司进行了全面系统的

---

① 陈少峰：《中国文化企业报告 2012》，华文出版社 2012 年版。

② 从我们检索到的信息来看，相关的最新报告是：陈少峰：《中国文化企业报告 2018》，浙江工商大学出版社 2019 年版。

③ 张晓明、史丹辉：《中国文化企业发展报告（2013—2014）》，社会科学文献出版社 2014 年版；张晓明、史丹辉：《中国文化企业发展报告 2015》，社会科学文献出版社 2016 年版。

研究，他们利用161家上市公司2011—2013年的数据，对文化类上市公司的治理能力、经济效益、科技创新等方面进行了较为全面、系统的统计和实证分析。在上市公司治理能力方面，他们主要是对董监高的结构特征以及薪酬水平进行了多角度的数据统计、梳理和分析工作，但尚未对文化企业公司治理机制效能的发挥进行实证研究，且并没有涉及文化企业的特殊属性以及相应的治理上的特殊性[①]。潘爱玲和李彬（2018）以166家上市文化企业为研究对象，基于各企业2007—2015年的年报和其他公开数据，多角度、全方位地梳理和分析了文化企业的发展现状，包括文化企业经营哲学、文化企业成长圆圈、文化企业发展模式、文化企业经营环境四大主题，涵盖了文化、战略、核心竞争力、商业模式、融资、并购、出口、风险和税收政策九个专题，为全面了解文化产业的发展提供了数据支撑。其中涉及了文化企业治理的部分内容，但全书并不以此为中心，涵盖的内容较为广泛[②]。

二、对文化企业股权治理的研究

对文化企业股权治理的研究，主要集中于两个方面，一是特殊管理股的应用，二是股权结构和股权属性的治理效果。

特殊管理股制度的历史渊源始于私有企业在公众化过程中所设置的特权股。在19世纪之前，普通股和优先股都被赋予完整的投票权，直到1898年国际银器公司（International Silver Company）首先发行了900万股优先股和1100万股没有投票权的普通股。由此，没有投票权的股票首次面世。特殊管理股制度的典型案例是创建于1903年的美国福特汽车公司。美国政府允许福特家族对发行的股票进行不同设置从而拥有对企业的控制权，以此鼓励福特公司的公众化。福特汽车上市时发行了三类股票：一是一股一个投票权的普通股，二是没有投票权的A股，三是具有超级投票权的B股。其中，B股由福特家族持有。这种机制使得福特家族能按照公司章程，在持有少量B股的情况下就能实现对企业的控制，避免了控制权的稀释。到1926年，至少有183家企业发行了类似的A类股和B类股[③]。

---

① 臧志彭、解学芳：《中国文化及相关产业上市公司研究报告：2011—2013》，知识产权出版社2015年版。

② 潘爱玲、李彬：《中国文化企业发展报告：来自上市公司的数据分析》，经济科学出版社2018年版。

③ Howell.J.W., "Essays on the US Dual-Class Share Structure", The University of Georgia, 2009.

关于特殊管理股的定义，尚未有权威的界定。国内学术界一般引用《〈中共中央关于全面深化改革若干重大问题的决定〉（辅导读本）》中的有关论述将特殊管理股制度描述为：设置特殊管理股是通过特殊股权结构设计，使创始人股东（原始股东）在股份制改造和融资过程中，有效防止恶意收购，并始终保有最大决策权和控制权。具体是将公司股票分为A类股和B类股两种，二者拥有同等的经营收益权，但创始人股东的股票（B类股）具有特别投票权，包括董事选举和重大公司交易的表决等。

伴随着特殊管理股在实践中的运用，学者们也从不同角度展开了相关的研究。周正兵（2016）以纽约时报公司为例，剖析了特殊管理股在传媒业私有化背景下的创造性应用及其基本模式与独有特征，并认为通过信托方式实现特殊管理股制度不失为一种明智选择[①]。程柯和韩硕（2016）从产权理论、混合所有制理论、马克思主义新闻观的视角下分析了特殊管理股制度的理论缘起，在此基础上阐述了特殊管理股制度对我国传媒企业的现实意义以及如何融入公司治理结构等问题[②]。潘爱玲和郭超（2015）[③]、付国乐和黄睿（2016）[④]总结国外相关经验，结合中国的制度背景和文化产业的发展历程，研究特殊管理股制度与中国传媒企业的结合机制，提出应该从宏观的法律层面和具体的公司治理机构层面共同推进。总体来看，实施特殊管理股制度有利于文化产业改革，其实际价值和紧迫性有目共睹。刘莎莎和杨海平（2017）对国有出版传媒企业实施特殊管理股制度过程中存在的风险进行了分析，分别从社会效益风险、制度风险和公平风险这三个角度进行了探讨，并针对这些风险提出了特殊管理股进一步推广的对策建议[⑤]。任翔（2017）结合欧美媒体监管的创新与发展，从三个方面探讨欧美经验对我国出版业特殊管理股改革的借鉴意义，包括如何通过监管“松

---

① 周正兵：《传媒企业中的特殊管理股：理论、应用及其启示——以纽约时报公司为例》，《编辑之友》2016年第3期，第25—29页。

② 程柯、韩硕：《特殊管理股制度的缘起、超越与融入》，《编辑之友》2016年第3期，第20—24页。

③ 潘爱玲、郭超：《国有传媒企业改革中特殊管理股制度的探索：国际经验与中国选择》，《东岳论丛》2015年第3期，第123—129页。

④ 付国乐、黄睿：《出版传媒公司和网络传播平台中特殊管理股的探索：实践路径与中国选择》，《中国出版》2016年第18期，第13—17页。

⑤ 刘莎莎、杨海平：《出版传媒企业特殊管理股实施的风险问题研究》，《科技与出版》2017年第8期，第19—22页。

绑”推动出版产业升级转型，如何通过股权改革提升传媒管理的专业化，如何平衡商业利益与公众利益[①]。徐浩然（2017）着重分析了我国出版企业实施特殊管理股存在的问题，以及基于欧美的特殊管理股实践，分析我国实施特殊管理股的可行性[②]。

对股权结构和股权属性治理的研究，大多是以传媒公司为样本的实证分析。杭敏和罗伯特·皮卡德（2013）分析了传媒上市公司的治理原则，提出了西方上市企业在公司治理上的主要矛盾，认为股权投票权的不平等是公司治理不力的典型问题[③]。张宏伟和时亮（2015）基于沪深两市 A 股 31 家传媒公司的实证研究显示，我国传媒公司的股权集中度基本处于相对和高度集中的区间，经营绩效与其负相关，与股权制衡正相关，但整体制衡水平不高；国有股和公众股比例与经营绩效正相关，这与多数针对其他行业研究的结论有所不同；此外，经营绩效与法人股、资产规模正相关，与财务杠杆水平负相关。因此，提高少数股权分散公司的股权集中度，适度减持国有股，提升法人股和公众股东持股比例，使其朝着存在相对控股股东、大股东相互制衡的方向发展应是今后我国传媒公司股权改造的方向。在我国证券市场尚未完善的情况下，加强内部监督治理、加大政策支持力度、提高企业经营能力对提升公司绩效更为有利[④]。丁汉青和王军（2016）选择 2007—2014 年中国 12 家上市传媒公司作为研究样本，采用时间序列横截面回归模型，对其股权结构与经营绩效的关系进行实证研究。分析结果表明，股权结构对经营绩效的影响十分有限，只表现为机构持股比例对公司总资产收益率起着积极作用，股权集中度对公司营业收入增长率产生负面影响；国有持股比例、管理者持股比例等因素，对公司成长能力、盈利能力和偿债能力均未产生显著性影响[⑤]。程素云和胡进（2017）利用 2012—

---

① 任翔：《数媒全球化与传媒监管创新——从欧美经验思考中国特殊管理股改革》，《科技与出版》2017 年第 8 期，第 4—9 页。

② 徐浩然：《我国出版企业特殊管理股问题研究》，《科技与出版》2017 年第 4 期，第 36—39 页。

③ 杭敏、[美] 罗伯特·皮卡德：《西方传媒公司治理问题初探》，《新闻记者》2013 年第 5 期，第 89—92 页。

④ 张宏伟、时亮：《我国传媒上市公司股权结构与经营绩效实证研究》，《出版科学》2015 年第 6 期，第 17—22 页。

⑤ 丁汉青、王军：《中国传媒上市公司股权结构对经营绩效的影响》，《当代传播》2016 年第 3 期，第 66—69 页、第 79 页。

2015年204家上市传媒公司的数据实证检验传媒行业股权结构与公司绩效的关系，结果显示：从质上看，传媒行业上市公司国有股比例与市场指标（托宾Q）有显著的正向关系，法人股比例和高管持股比例与企业财务指标（ROA）也存在显著的正向关系，流通股比例与企业绩效存在显著的负向关系，高管持股与企业财务绩效指标存在显著的负向关系；从量上看，第一大股东持股比例与公司财务绩效存在显著的正向关系，前十大股东持股比例与公司绩效存在着显著的正向关系，前十大股东持股比例平方和与公司财务绩效存在着显著的正相关关系，第一大股东持股比例与公司财务绩效存在着显著的三次回归关系，说明适度的股权集中度对公司绩效具有积极作用①。王关义和刘苏（2018）选取我国44家文化传媒企业作为样本，检验了股权集中度、股权属性、股权制衡度等指标对企业绩效的影响，结果显示，我国文化传媒企业中的国有股比例和荷芬德尔指数对评判企业绩效的经济净增加值有负面影响，法人股比例与绩效正相关，第一大股东比例以及前五大股东比例和股权制衡度指数与企业的绩效几乎毫无关系②。向志强和汪子皓（2019）选取51家正常经营的传媒类上市公司2016—2019年三个会计年度的相关数据，实证检验了中国传媒类上市公司股权集中度与公司绩效之间的关系，研究发现，第一大股东持股比例与中国传媒上市公司绩效之间呈线性负相关关系，前十大股东持股比例与公司绩效之间呈现先降后升的"U"型曲线关系，流通股东数与公司绩效之间呈线性负相关关系，第一大股东与第二股东持股比例比值与公司绩效呈负相关关系。总体来说，传媒上市公司的股权集中度保持在一定范围内更加有利于公司经营。其中广播电视等传统媒体上市公司的股权集中度提高将更有利于其经营绩效的提升，而对于移动端媒体、视频娱乐等新媒体类型上市公司的股权集中度适度降低，将更有利于其经营绩效的提升③。梁君和王蒙（2018）以38家上市传媒企业为样本的实证研究显示，国有股比例和企业绩效呈现倒"U"形关系，且处

① 程素云、胡进：《传媒行业上市公司股权结构与公司绩效的实证分析》，《财会月刊》2017年第24期，第31—38页。

② 王关义、刘苏：《我国文化传媒企业股权结构与企业绩效关系的实证研究》，《中国出版》2018年第9期，第34—39页。

③ 向志强、汪子皓：《股权集中度对中国传媒上市公司绩效影响实证研究》，《文化产业研究》2019年第4期，第173—189页。

于倒“U”形的负向阶段，国有股比例对传媒行业公司绩效的增长产生了抑制作用，因此应适当降低传媒上市公司中的国有股比例[①]。高丽和宋婧楠（2019）以2004—2015年上市的混合所有制国有文化企业为样本，考察管理层持股的绩效表现，结果发现，管理层持股比例与公司经济绩效为反“N”形关系，与社会效益存在明显单调增的非线性相关关系；政治关联度对国有文化企业管理层持股与公司绩效存在显著的调节效应，且政治关联度强度和深度分别影响企业的经济效益和社会效益[②]。曹小武和黄亚伟（2020）以2014—2018年文化传媒行业34家上市公司为样本，实证研究公司股权结构与经营绩效的关系。研究发现，不同属性的股权对经营绩效的影响各异，国有性质股东的持股比例与经营绩效无关，法人性质股东的持股比例对经营绩效有正面影响，流通股股东的持股比例对经营绩效存在负面影响，股权集中度对公司经营绩效有显著的正向影响[③]。

三、对文化企业董事会治理的研究

对文化企业董事会治理的研究主要集中在两个方面，一是对国有文化企业董事会治理结构的规范分析，二是检验文化企业董事会治理效果的实证分析。

原中南出版传媒股份有限公司董事长龚曙光[④]（2015）指出，鉴于文化企业的特殊性，中南出版传媒在董事会中设置了编辑委员会，统筹管控内容生产和整体导向，从而把文化企业内容生产和导向管理的特殊性融入法人治理结构内，并将其纳入董事会日常工作之中[⑤]。周燕、马瑞（2016）认为重构国有文化企业的公司治理结构，应该从董事会入手，一方面严格任职标准，另一方面提高董事会成员的广泛性和多元化特点，区分党委会与董事会的不同结构和作用，引入具有专业水准和公信力的独立董事[⑥]。张橙和蔺冰（2018）通过对63家国有上

① 梁君、王蒙：《国有股比例对公司绩效影响的实证研究——以传媒上市公司为例》，《文化产业研究》2018年第2期，第122—136页。

② 高丽、宋婧楠：《国有文化企业的管理层持股与混合所有制绩效》，《天津市社会科学界第十五届学术年会优秀论文集：壮丽七十年 辉煌新天津（下）》，2019年。

③ 曹小武、黄亚伟：《我国文化传媒上市公司股权结构与经营绩效》，《武汉金融》2020年第7期，第72—77页。

④ 因工作变动原因，龚曙光同志已于2020年7月2日申请辞去中南出版传媒股份有限公司董事长一职。

⑤ 龚曙光：《探索文化企业公司治理结构》，《光明日报》2015年5月23日。

⑥ 周燕、马瑞：《我国国有文化企业治理结构研究》，《商业经济研究》2016年第3期，第103—105页。

市文化企业的分析发现，所有国有文化上市企业都按照《公司法》的规定设立了董事会，聘任了独立董事，但仍存在结构不合理的现象，如仍有部分公司的董事长兼任总经理职务。为了更好地发挥董事会的效能，要完善董事会的选聘制度，按照市场性、专业性、合规性原则组建，并吸引更多专业的文化产业经营人才进入董事会，高度重视并积极探讨如何让外部独立董事更好地发挥监督作用[①]。

对于董事会的治理效果，徐翠翠（2015）以董事会治理行为的中介效应为切入点，通过实证分析的方式检验了董事会的异质性（即董事会成员的个体特性和成员结构，如女性董事的比例、年龄结构、独立董事占比等）对董事会治理能力及公司投资行为的影响，结果显示，董事会的异质性会对治理能力产生影响，继而将影响传导到公司的投资行为中[②]。张橙（2019）选取了我国沪深两地 A 股上市文化企业 2013—2017 年的数据为样本进行的实证研究显示，董事会规模、独立董事比例对上市文化企业的企业绩效没有显著影响，董事会适当增加会议次数有利于企业绩效的提升，董事会激励具有有效性[③]。张娜等（2018）以 65 家上市传媒公司为样本，实证检验了董事会特征对传媒企业绩效的影响，结果显示，专业委员会的设置对企业绩效有显著的正面影响，具有文化相关背景的独立董事与企业绩效之间有显著的正面影响，而董事会会议次数与企业绩效、董事会规模以及女性董事的比例与企业绩效不相关[④]。

四、对文化企业高管人员治理的研究

为了更好地促进文化事业单位转企改制后现代企业制度的建立以及公司治理机制的不断完善，2014 年 4 月 2 日，国务院办公厅国办发布了《文化体制改革中经营性文化事业单位转制为企业的规定》和《进一步支持文化企业发展的规定》两个规定（〔2014〕15 号），提出了“探索国有文化企业股权激励机

---

① 张橙、蔺冰：《完善我国文化企业公司治理的对策建议》，《工业经济论坛》2018 年第 1 期，第 63—67 页。

② 徐翠翠：《董事会异质性对文化传媒上市公司投资行为的影响——基于董事会治理行为的中介效应视角》，山东财经大学硕士学位论文，2015 年。

③ 张橙：《我国文化企业公司治理内部机制研究》，北京交通大学博士学位论文，2019 年。

④ Na Zhang,Xinyu Ju,Xiaowei Tian,Hongbo Zhang,"Board Characteristics and Firm Performance: Evidence from 65 Media Listed Companies in China",(*International Conference on Industrial Economics System and Industrial Security Engineering*), IEIS2018.

制，经批准允许有条件的国有控股上市文化公司按照国家有关规定开展股权激励试点”。这是顶层设计中第一次提出在国有文化企业中推行股权激励，为国有文化企业探索股权激励机制提供了明确的政策指引，但相关的研究并不多。郭全中（2014）提出要分类采取不同的激励制度：一是对于上市国有文化企业可以综合采取期权激励和股票增值权激励等多种方式；二是对于未上市国有文化企业可以采取“虚拟股票”的方法；三是对于新设的国有文化企业可以在文化企业设立时，由管理层直接出资持有股权[①]。陈广等（2016）指出，当前我国重要国有文化传媒集团已经初步建立了现代企业制度，明确了出资人关系及其权益，基本确立了现代市场主体，但仍然存在分业监管与混业经营矛盾突出、产权结构集中单一化、制衡机制形式化及激励机制弱化等问题。在混业经营与跨界融合的趋势下，未来国有文化传媒企业应树立以确保两个效益相统一为方向、提高国有文化资本市场活力为导向、完善出资人制度为核心的“二次改革”，推进特殊管理股制度、股权激励制度设计等[②]。于明涛等（2017）通过对文化企业高管薪酬激励效应的研究发现，高管的显性薪酬与企业的绩效呈现同向变化的特点，股权薪酬对绩效的正向影响尤其显著，对高管显性薪酬所采取的政策限制、行政约束等手段会降低激励效应；而隐性薪酬则正相反，对企业绩效呈现明显的负向影响，同时，如果增加管理层的权利，这一负向激励作用会更加显著[③]。张橙等（2018）的实证研究显示，货币薪酬激励以及股权激励均有利于提升上市文化企业的企业绩效，但是股权激励程度不易过高，否则会给企业绩效带来负面影响[④]。杨效方（2019）提出要严格股权激励方案社会效益业绩指标设置，主管机关应进一步完善国有文化企业股权激励方案设计的相关规则，优化股权激励方案社会效益业绩指标设置的指引，改变自行设置指标，由主管机关审定的做法，建立社会效益指标库，由各实施单位从中挑选，严格社会效益方面的业绩条件；同时，参照经济效益指标设置规则，建立社会效益指

---

① 郭全中：《文化体制改革开启制度化突破》，《中国经济时报》2014 年 5 月 5 日。

② 陈广、梁君、顾江：《国有文化传媒企业改革与治理路径》，《现代经济探讨》2016 年第 7 期，第 61—65 页。

③ 于明涛、杨静、刘浩：《制度环境、管理层权力及文化企业高管薪酬的激励效应》，《领导科学》2017 年第 2 期，第 41—45 页。

④ 张橙、蔺冰：《完善我国文化企业公司治理的对策建议》，《工业经济论坛》2018 年第 1 期，第 63—67 页。

标的同行对标机制，必须处于同行业对标企业的 50 分位或 75 分位以上，方可行权。通过机制设置，一是减少企业自由裁量空间，严格业绩条件设置，建立以激励为主，而非福利为主的股权激励明确导向；二是促使国有文化企业把社会效益放在首位，股权激励不仅是对经济效益的引导，更应是对国有文化企业社会效益创造的引导[①]。

高管人员激励机制是高管人员治理中重点研究的内容，此外，一些学者还就文化企业高管人员人口统计特征的治理效果进行了研究。张娜、蔺冰和刘玲（2019）以 2012—2016 年沪深两地 A 股文化及相关产业类上市公司为样本，实证检验了高管人员人口统计特征对企业绩效的影响，结果显示，高管团队的平均年龄、平均学历、年龄异质性和任期异质性会对企业短期绩效产生负向作用，社会资本会对企业长期绩效产生负向作用，而平均任期和学历异质性则会对企业长期绩效产生正向影响。进一步研究发现，女性高管以及年龄异质性有助于国有文化企业提高企业长期绩效，而团队教育程度的提升则有利于非国有文化企业长期绩效的提升[②]。徐嘉琪、廖明月和任英（2020）基于高层梯队理论和企业社会责任理论，以 2015—2018 年中国沪深 A 股文化类上市公司为研究样本，就高管特征对企业社会责任的影响进行了实证检验。研究结果显示：在中国文化类企业中，高管受教育程度、平均任职时间对企业社会责任水平有积极的影响，高管平均年龄、政治关联程度与企业社会责任呈负相关关系，而高管女性比例、文化专业背景对企业社会责任无显著影响。相比于国有文化企业，非国有文化企业中高管特征与企业社会责任之间的关系更为显著[③]。

五、对已有文献的评述

经过多年的发展，在上市公司以及市场各方的共同参与、努力下，我国上市公司的治理框架日益齐备，制度机制逐渐形成，治理结构不断完善，治理水平不断提高。我国公司治理的机制经历了从借鉴各国经验到逐步探索形成自身

---

① 杨效方：《国有文化企业实施股权激励研究》，《管理观察》2019 年第 3 期，第 33—35 页。

② 张娜、蔺冰、刘玲：《上市文化企业高管团队人口统计特征与企业绩效关系的实证研究》，《经济视野》2019 年第 2 期，第 140—142 页。

③ 徐嘉琪、廖明月、任英：《高管特征对文化企业承担社会责任的影响及对策研究》，《文化软实力》2020 年第 5 期，第 65—73 页。

特色治理模式的转变，不少上市公司在实践中积累了很好的做法和经验，形成了一套较为成熟的公司治理制度[①]。在这个过程中，如前所述，理论研究也日臻丰富，与实践相互促进、共同发展，取得了丰富的成果。近年来，随着国家对文化产业发展的重视，文化企业也随之发展，其公司治理问题也逐渐为政府部门工作人员和研究人员所关注，研究成果越来越多，但仍存在一些问题。

1. 理论研究仍需加强

公司治理理论经过几十年的发展，理论成果已较为丰富，委托代理理论、信息不对称理论、信号传递理论、利益相关者资源理论等从不同视角分析了如何解决委托代理问题、降低交易成本，对实践的发展起到良好的指导效果，并随着实践的发展不断完善、创新和发展，为我们开展公司治理研究奠定了坚实的基础。一些特殊行业如保险业、银行业等鉴于其行业特征在公司治理中显现出的特殊性，在理论上也有了较好的阐释。但对于文化产业这种较为特殊的行业，其同时具备社会意识形态属性和商品属性双重属性，具有社会效益和经济效益两种效益，双重属性、两个效益其实是相辅相成、互相促进、相互助力的，但会在某些时候存在短期的矛盾或短期利益与长期利益的抉择问题，如何通过公司治理机制的设置和引导、帮助企业更好地做出决策，尤其是国有文化企业如何在保证社会效益的前提下兼顾经济效益，在公司治理结构、治理机制中都有哪些特殊的体现或要求，首先需要在理论上厘清。

2. 缺乏对上市公司治理状况的全面把脉

中国公司治理研究院李维安教授的团队以及中国北京师范大学公司治理与企业发展研究中心主任高明华教授的团队所出版的相关报告都显示，相对于一些产业，文化产业类上市公司的治理尚处于一个较低的水平，体现在各个治理机制中。其他研究在分析文化企业治理现状和问题时，大部分是定性分析，根据文化企业的特殊性，结合公司治理的理论来阐述文化企业公司治理上可能存在哪些问题，也有少数研究，如臧志彭和解学芳（2015）、张橙（2018）收集了所能找到的当时的上市文化企业治理和绩效数据来尽可能全面地阐述企业治

① 张歆：《中国上市公司协会会长宋志平：上市公司要秉持“四个敬畏”和“四条底线”》，《证券日报》2019年7月25日。

理状况。但仍存在一些问题，包括：研究时间太长，无法真实反映现阶段文化企业公司治理的实际状况；样本选取不全面，而文化企业又是一个有着众多子产业的集群产业，部分企业不足以反映整个行业的治理水平；等等。

3. 规范研究多，实证研究少

如前所述，无论是对公司治理现状的把脉，还是公司治理中现存的问题，又或是文化企业公司治理的绩效，都缺乏实证性的研究，大部分的已有文献都是规范性的分析。究其原因，一个很重要的方面是，证监会发布的《上市公司行业分类指引》和国家统计局发布的《文化及相关产业分类》对文化产业的界定不一致。根据《文化及相关产业分类》中界定的文化产业广泛分布在《上市公司行业分类指引》中所界定的制造业，批发业，软信息传输、软件和信息技术服务业，文化、体育和娱乐业等多个行业中。研究人员在利用上市公司的数据库的时候，无法直接获取文化类上市公司的相关数据，臧志彭和解学芳（2015）在对 2011—2013 年上市文化企业数据进行整理时，是根据国家统计局当时发布的文化产业界定标准《文化及相关产业分类（2012）》对这一时期在上海证券交易所和深圳证券交易所 A 股全部上市公司年报披露信息一一对比甄选，甄选标准主要有三个：信息披露标准、主营业务标准、现实认定标准①。之后随着各类数据库如国泰安、万得资讯、锐思等数据库的发展，上市公司数据检索越来越便利化，但由于未从源头上解决不同部门产业界定标准不统一的现象，所以时至今日，科研人员在检索文化类上市公司样本时，仍需要一一筛选、确认。此外，在已有的为数不多的针对文化上市企业公司治理的实证研究中，又多以传媒企业作为研究对象，这与国家对传媒企业的股份制改造有很大关系，但传媒企业的治理效果不足以代表整个产业内企业的公司治理水平。且这些研究的样本数量多寡不一，丁汉青和王军（2016）的研究只有 12 家上市传媒企业，曹小武和黄亚伟（2020）的研究也只有 34 家上市传媒企业，样本量过少会导致实证结果发生偏差。

---

① 信息披露标准：上市公司年报披露信息“所属行业”属于文化及相关产业范畴。主营业务标准：在上市公司年报披露信息“主营构成”中含有文化及相关产业业务收入，并占较大比重。现实认定标准：某些公司虽然从严格意义上讲并不属于文化及相关产业，但是该公司所属地方政府在实践中将其作为当地文化及相关产业发展的重点企业。

第三章

文化企业的特殊性及发展现状

文化产业的特殊性体现在其不仅具有商品属性，还具有意识形态属性，双重属性带来了经济效益和社会效益两个效益。商品属性和意识形态属性之间是辩证统一的关系。因此，在发展文化产业的过程中，一定要把握好二者之间的关系，要把意识形态放在首位。唯有如此，文化企业才能生产出符合主流意识形态、被社会广泛接受的产品。文化产品如果具有健康、文明、科学、先进的文化内容，就能够促进文化产业的发展，有利于文化企业获得较大的经济效益；相反，如果没有健康、文明、科学、先进的文化内容，就会阻碍文化产业的发展，也不可能获得良好的经济效益，而良好的经济效益又能更好地助推社会效益的发挥。本章首先从理论上深入分析了文化产业的双重属性和两个效益以及它们之间的辩证关系，在此基础上总结了近年来我国文化产业以及文化企业发展所取得的巨大成就，并对文化及相关产业上市企业的基本情况进行了概述。

第一节　文化产业的双重属性和两个效益

国民经济是社会各个生产部门、流通部门和其他经济部门所构成的互相联系的总体，一般来说，国民经济体系由工业、农业、建筑业、运输业、服务业等多种行业组成，其中工业、农业、建筑业、运输业等产业是支撑整个国民经济正常运转的基础性产业。作为产业，基本的属性便是它的经济属性，在有些文献中也称为商品属性。经济属性意味着产业作为市场经济的主体，必然受到市场经济规律的约束，要以利润、产品的价值补偿和增值为目标，即必须追求经济效益。如果没有利润、不重视经济效益，产业就无法实现投入—产出—再投入—再产出的良性循环，也就无法保证基本的生存，最终要在市场竞争中被淘汰。作为产业，文化产业是文化走向市场的产物，是文化的产业化，必然具有经济属性，文化产业的发展也要遵循资本的本性，只有重视产业的经济效益，才能吸引资本的投入，这是文化产业生存发展的物质基础与保证。同时，文化产业也具有特殊性，它所生产的产品属于精神层面的产品，不仅具有经济属性，而且具有鲜明的意识形态属性。也就是说，文化产业除了具有从事物质生产的工业、农业等产业的经济特征外，另外还带有很强的意识形态色彩[①]。文化产品传递的价值反映了一定社会发展阶段的意识形态情况[②]。

由此可见，文化产业的确是一种特殊的产业，同时具备经济属性和意识形态属性，与之相对应的，文化产业也同时兼具两种效益，即经济效益和社会效益。

与文化事业相比，文化产业最大的不同就在于，消费者要想享受文化产品或文化服务，必须通过市场交易进行购买，这是由文化产业的商品属性决定的。从商品属性来看，文化产业通过不断的投入—产出活动进行生产，向市场提供丰富多样的文化产品和文化服务，同时还能创造大量的工作岗位，从而实现经济效益。从这个意义上讲，文化产业的产出能够直接增加国民经济生产总值，从而提升一个国家或地区的硬实力。这也是为什么近年来在全球经济结构调整的大背景下，发达国家大力重视发展文化产业的原因之一。在此背景下，以创意为核心、以文化为灵魂的文化创意产业应运而生，并成为世界主要发达国家的支柱性产业。统计数据显示，2017 年美国版权产业创造产值 2.2 万亿美元，占美国经济的 11.6%，雇用 1160 万名员工，占美国就业总人数的 7.87%。而英国 2017 年创意产业增加值则突破了 1000 亿英镑大关，其创意产业发展速度几乎是英国总体经济增速的两倍。除此之外，文化创意产业还在丹麦、德国、日本以及韩国等众多国家得到充分的发展，并产生了巨大的经济效益。文化创意产业已成为世界各国经济发展的又一个新增长点[③]。

从意识形态属性来看，文化产业肩负着特殊的使命，属于上层建筑的范畴，具有巨大的社会效益，会对社会经济产生反作用，是国家文化软实力的重要来源。“文化商品和服务的一个根本特征是，他们不像咖啡壶、汽车或银行卡那样只是具有一种实用功能，在本质上还是价值观的携带者。”[④]这就意味

---

① 杨茜：《文化企业应当承担特殊的社会责任》，《理论月刊》2017 年第 12 期，第 81—85 页。

② 胡慧林：《文化产业学——现代文化产业理论与政策》，上海文艺出版社 2006 年版，第 28 页。

③ 张娜、田晓玮、郑宏丹：《英国文化创意产业发展路径及启示》，《中国国情国力》2019 年第 6 期，第 71—75 页。

④ Harry Hillam Chartrand,"International Cultural Affairs: A Fourteen Country Survey",*The Journal of Arts Management,Law,and Society*. 1992,22(2):134-155.

着，文化产业在为市场和民众提供产品和服务的同时，还能够反映社会的经济基础、体现社会的主体意志，对人们的思想、意识乃至行为产生潜移默化的教化功能；其是传播文化诉求和政治诉求的有效载体，能够传承一个国家的价值观念和审美标准，附加着思想性、观念性的内容。通过文化产品的传播和交流，能够表达国家立场、价值主张、民族声音，展示国家形象、国民形象，开展文明对话，是推动国家文化软实力建设的、被广泛认同的重要途径。所以，美国学者约瑟夫·奈很早就认识到文化产品在实现国家意识形态方面的独特影响，他说："流行文化中当然不无琐屑与凑热闹的成分，但一个占据着流行文化传播通道的国家有更多的机会传达自己的声音并影响他国的选择则是千真万确的。"[①] 美国、日本、欧洲等发达国家高度重视文化产业在实现国家话语和国家利益方面的独特功能，并把发展文化产业作为增强国家文化软实力的重要战略，用来推广自己的意识形态和价值体系。可以说，一个国家文化产业的发展水平对一个国家意识形态的安全有着直接的、重大的影响。从一般意义上来讲，一个国家文化产业实力越强，这个国家的意识形态相对就越安全；反之，文化产业实力弱，国家意识形态安全程度就越低。

综上所述，文化产业兼具经济属性和意识形态属性的双重属性，相应地带来了经济效益和社会效益两个效益。文化产业所带来的经济效益可以直接提升一个国家或地区的硬实力，不仅如此，它还可以通过提高国家或地区的教育文化水平、人力资本素质等软环境等因素助力当地经济发展；而要发挥其意识形态属性和社会效益，必须借助于其商品属性和经济效益。如果文化产业在社会化大生产过程中无法保证持续的生产经营，不能获得产业生存发展的基本利润，那产业便无法生产，更谈不上发展壮大，其隐含的"软力量"便无从发挥。同时，经济效益的发挥要以正确的广为接受的意识形态为前提，只有符合社会核心价值观的文化产品才能被最广泛的社会大众所接受、被市场所接受。因此，必须重视文化产业的意识形态属性，只有创作、生产和传播陶冶情操、激励进取、开阔视野、启迪智慧、观念先进、内容科学的文化产品，才能更好

---

① ［美］约瑟夫·奈：《美国注定领导世界？——美国权力性质的变迁》，刘华译，中国人民大学出版社 2012 年版。

地教育人民、引领风尚、服务社会、推动人类文明的发展和进步，才能获得我们所需要的文化产业社会效益。先进文化产品的意识形态属性能否产生更大的社会效益，则取决于其经济属性如何。只有艺术性强、科技含量高、受众喜闻乐见、抓眼球、卖点大的先进文化产品，才能更多、更广地得到传播，获得更大的经济效益，而在此过程中也能使其社会效益最大化。如果文化产业总赔钱，那就必然会使产品减少、市场萎缩，无论多么优秀的文化产品，也都会因为数量受限而使其影响面大大缩减[①]。

双重属性和两个效益是文化产业区别于其他产业最重要的特点，同时，文化产业还具有创意性、轻资产、可持续发展性、风险性高等特征。文化产业以内容生产为核心，其产品的主要价值就在于其传递的创意和知识，与创意和知识相关的人力资源、知识产权等是企业赖以生存和发展的基础，而固定资产仅仅是维持企业基本运行的辅助资产，价值比例都相对较低。企业所拥有的资产大多为创意和知识等无形资产，有形资产较少[②]。也正因为文化产业的创意性，其生产所需的资源主要是人力资源和智力资源，而不是像一般经济产业高度依赖于物质资源的消耗。虽然文化产品的生产过程中也有制造流程，但可以通过提升创意、优化设计来增加产品附加值，把对自然资源的消耗程度降低到最低。在消费过程中，消费者对文化产品的体验一般不会对生态环境造成破坏，不会对大气、水源、土壤造成污染。不同于一般的物质生产部门，文化产业的发展壮大主要依赖于人力资源、创意要素、高新技术的投入，而对物质资源的需求相对较少，其发展并不会造成自然资源的大量消耗。文化产品的生产主要是内容生产，其消费主要是体验消费与精神消费，所以其生产过程和消费过程基本上不会对生态环境造成不良影响。可见，与其他经济产业相比，文化产业对物质资源的消耗更低，对生态环境的破坏更小。此外，经营文化产业的风险较高，姜鸾（2013）指出，文化产业大约有 80% 的投资失败率，文化企业和产品中的“二八法则”尤为明显[③]。文化产品的投入、产出之间并不具有必然联系，小成本制作可能获得巨额回报，巨额投入也可能覆水难收，连成本都无法

---

① 张国祚：《文化产业安全研究的着眼点和着力点》，《中国社会科学报》2013 年 4 月 26 日。

② 卜凡婕、夏爽：《中国文化企业上市融资分析及模式比较》，《管理世界》2010 年第 11 期，第 180—181 页。

③ 姜鸾：《文化产业类上市公司的资本结构动态优化研究》，财政部财政科学研究所博士学位论文，2013 年。

收回。文化产业的经营有着极大的不确定性，这首先与它的意识形态属性有极大的关系。如果产品与核心价值观不相符，很难通过监管机构的审核，从而无法进入市场，必将血本无归。从商品属性来看，文化产品提供的是精神消费，而由于时间、地理、种族、文化差异、潮流等多种因素的影响，使得每个消费者的喜好存在很大差异，同时，同一消费者在不同时间段的喜好也存在较大差异，文化产品消费需求的多样性都增强了文化企业收益的不确定性；文化产品将在多大程度上被消费者接纳并产生多少收益将很难预估。另外，与一般商品所有权上的排他性不同，文化产品可以被无限复制和重复使用，如果文化产品的知识产权保护不力，遇到创意泄露或盗版复制等情况，将会给文化企业带来致命打击。

第二节　我国文化产业及文化企业的发展

一、文化产业发展取得了巨大成效

近年来，我国经济发展进入新常态，经济增速逐渐放缓，长期以来推动我国经济增长的体制红利、人口红利以及资源红利正在消退，粗放型经济增长所带来的环境污染问题日益凸显，切换经济增长动力以及转变经济增长方式已成为我国经济发展的当务之急。为此，国家开始高度重视文化产业的发展，经过多年的发展，文化产业取得了可喜的成绩。

首先，文化产业对经济增长的贡献越来越大，已经逐步成为我国国民经济的支柱性产业。近年来，在各项政策利好的大背景下，我国文化产业呈现良好的发展态势。2019 年，全国文化及相关产业增加值为 41171 亿元，占 GDP 的比重为 4.48%，比上年提高 0.22 个百分点[①]，文化产业呈现良好的发展态势，已成为国民经济新的增长点，且对经济结构调整有着重要意义。同时，文化产业本身也在进行着自身的结构性转型。按行业大类分，2019 年文化制造业增加值为 11999 亿元，占文化及相关产业增加值的比重为 29.1%；文化批发和零售业增加值为 4340 亿元，占比为 10.6%；文化服务业增加值为 24832 亿元，占

---

① 第四次全国经济普查后，对 2019 年国内生产总值和全国文化及相关产业增加值进行了修订，故比重相应有所调整。

比为 60.3%。按活动性质分，文化核心领域创造的增加值为 27522 亿元，占文化及相关产业增加值的比重为 66.8%；文化相关领域创造的增加值为 13649 亿元，占比为 33.2%。也就是说，生产大类的这类文化及相关产业，以及广电、新闻出版等行业，增速相对较慢；而文化信息传输服务等与新技术相关的行业，其发展增速非常快。此外，文化艺术服务、文化休闲娱乐服务、文化创意和设计服务都有比较高的增速，所以即便超过一半的行业增长不景气，文化产业整体上还是保持了一个较高的增速。之所以出现这样的情况，是因为近年来这些和新技术、消费相关的产业发展迅猛，从而带动了行业整体的相对高速发展。

文化产业作为拉动我国经济增长的新兴产业，因其行业覆盖范围广、产业链条长、关联效应好，吸纳就业能力持续增强。截至 2018 年末，我国文化产业从业人员达 2789.3 万人，其中文化法人单位从业人员 2055.8 万人，占全国第二、三产业法人单位从业人员的 5.4%，规模以上文化及相关产业企业吸纳就业人员 881 万人，比上年增长 1.1%，占全社会总就业人数的 1.1%；文化个体经营户从业人员 733.5 万人，占全国个体经营户从业人员的 4.9%。与 2013 年末相比，文化就业总量增长了 30.8%，其中文化法人单位从业人员数增长 16.8%，文化个体户从业人员数增长近 1 倍。在对外贸易方面，2018 年我国文化贸易实现快速增长，进出口总额达 1370.1 亿美元，比上年增长 8.3%，为推动外贸高质量发展、增强国家软实力建设提供了有力支撑。

其次，文化产品供给的数量与质量都有了较大幅度的增长。当前，我国已经出现了许多文化精品，其中也不乏广受欢迎的主旋律作品。从《平“语”近人——习近平总书记用典》《习近平与大学生朋友们》《梁家河》等主旋律读物，到受众极广的《流浪地球》《红海行动》《换了人间》等日益丰富的赞美党和祖国、歌颂民族精神与特色英雄的影视作品，都引起了广泛而强烈的影响，这不仅为“中国精神”注入了时代的活力，更有助于培育民众的自信心与自豪感。2012—2019 年，艺术表演团体机构数已由 7321 个增长为 1.8 万个，艺术表演团体的从业人数由 24.2 万人增长为 41.2 万人，它们在年内贡献的艺术表演场次则由 2012 年内的 135 万场次增长为 2019 年内的 296.8 万场次，而艺术表演团体的年内收入也从 231 万元上升至 397 万元。在这一时期内，图书出版种类从 41.4 万种增长到了 51.9 万种，期刊出版量由 9867 种增长为 1 万种，公共电视节目由 3273 套增长为 3609 套，故事影片创作生产的年度作品数则由 745 部上升至 850 部，全国电影票房收入也从 208.2 亿元上升到 642.7 亿元，完成了数倍的增长。我国已成为电视剧制作、电影制作、图书出版的第一大国，电影市场的规模也已跃居全球第二位，这体现出我国文化产业供给能力的迅速提升，这有赖于文化企业的持续性增长，而截至 2019 年底，全国文化文物机构数目已经达到了 28.8 万个。文化产品供给的增加，使得人们能够消费的文化产品和服务的种类越来越多样化，加上人们可支配收入的增加，文化消费也越来越高。2018 年全国居民人均文化消费支出为 2225.7 元，与 2013 年的 1397.7 元相比，年平均增长率为 8%。文化消费占总消费支出比例增长到 11.21%，人们的文化消费积极性显著上升，创造了越来越多的文化需求，推动了文化市场的繁荣。

最后，文化贸易已成为国际贸易的重要组成部分，通过文化贸易不仅可以获得丰厚的利润，而且借此能够扩大对外文化交流、传播中华文化，从而巩固和提升本国文化的影响力。伴随着中国经济的快速发展，中国文化贸易也保持了持续快速的发展。

2019 年，我国文化贸易保持平稳快速发展。文化产品进出口总额 1114.5 亿美元，同比增长 8.9%；其中，出口 998.9 亿美元，增长 7.9%，进口 115.7 亿美元，增长 17.4%，贸易顺差 883.2 亿美元，规模扩大 6.8%。从类别看，文化用品、工艺美术品及收藏品、出版物出口增长较快，增幅分别为 11.7%、5.6% 和 4.8%。2012—2019 年，我国版权输出量已经从 9365 项增长到了 1.6 万项，同比增长了 68.4%，同时，我国版权输出量与引进量的比例也已经从 1∶1.9 提高到了几乎 1∶1 的惊喜比例。在 2019 年，我国的音像和电子出版物的出口金额达到了 205.9 万美元，图书的出口金额达到了 5521.4 万美元。

由此可见，文化产业在保增长、扩内需、调结构、促发展中发挥着重要作用。作为第三产业的重要组成部分，我国文化产业正凭借其独特的产业价值链，快速的成长方式及广泛的渗透力、影响力和辐射力，成为我国经济与现代产业发展的新亮点、转型发展的新方向、国民经济的新的增长点。

二、文化企业逐步成为市场主体

改革开放以前，我国文化体制改革处于萌动阶段，文化市场的概念尚未建立，也就不存在真正意义上的文化市场主体，文化生产单位以事业单位为主，由政府直接进行管辖。直到1978年党的十一届三中全会后，我国确立了对内改革对外开放的政策，文化市场主体开始逐步与行政机构分离。2003年，党的十六届三中全会明确提出经营性文化单位要创新体制、转换机制，在这之后，国有经营性文化单位转企改制范围继续扩大，文化产业逐步完成了文化体制改革，解放和发展了文化生产力，文化市场逐步建立，除少量事业性单位保留之外，文化企业成为文化市场的主体，且呈现多元化发展的格局，对文化市场乃至整个经济的发展发挥着越来越重要的作用。

国家统计局的公开数据显示，截至2019年12月，全国规模以上文化及相关产业的企业数量已经达到了5.8万个，营业收入总额已经达到了8.7万亿元，比上年提高了7.0%。可见我国文化企业整体上的成长性非常不错，发展趋势也较为良好。虽然如此规模的文化企业仅仅在全国文化企业中占到了不足10%的比例，但大型企业确实是推动文化产业发展的重要力量和有力基石，有助于产业发展得更加平稳且较快[①]，规模以上文化及相关产业的企业已经成为我国经济增长的重要推动力。

根据“全国文化企业30强”数据可知，2011年全国前“30强”文化企业的净资产总额是528亿元，同期主营业务收入是585亿元。而2020年发布的第十二届同类数据显示，前“30强”文化企业在2019年度实现主营业务收入4346亿元、净资产5519亿元、净利润503亿元，三项指标均创历史新高，分别比上届“30强”增长4.4%、51.8%、10.3%，净资产首次突破5000亿元大关，净利润首次突破500亿元大关。2011—2019年，“30强”文化企业的净资产增长了9.5倍，主营业务收入增长了6.4倍。连续12年入围“30强”企业的中国出版集团有限公司，已是进入全国少数几家“三百亿”集团方阵的大型企业，出版主营业务收入、净资产突破百亿元，总资产突破两百亿元[②]。这些大型

① 范周：《中国文化产业40年回顾与展望（1978—2018）》，商务印书馆2019年版。

② 张玉玲：《中国文化企业第一方阵发展势头强劲》，《光明日报》2020年11月18日。

文化企业在经济上取得了持续的、较好的效益，且始终坚持把社会效益放在首位，从而实现了社会效益与经济效益的有机统一，总体规模实力进一步提升，市场竞争力和盈利能力持续稳定增强。

第三节 我国文化及相关产业上市公司的基本情况

2018 年 4 月 2 日，国家统计局颁布《文化及相关产业分类（2018）》，本书对文化企业的界定采纳的是这一标准。但中国证监会以及现有的上市公司数据库大都采用的是《国民经济行业分类明细》。因此，本书依据《文化及相关产业分类（2018）》的分类标准对上海证券交易所和深圳证券交易所上市公司进行了手工筛选。筛选的主要标准是上市公司的经营范围和主营业务中含有文化及相关产业业务[①]。经过筛选，整理出 1990—2019 年文化及相关产业上市公司共 237 家[②]。本节对 237 家文化及相关产业上市公司的基本情况包括上市时间、地区、子行业、所有制、实际控制人、上市地点、被风险警示、借壳上市等进行了描述性统计和分析。

一、上市时间分布

自 1990 年以来，文化及相关产业上市公司出现了三次上市高峰期，分别为 1997 年、2010 年和 2016—2017 年，具体如表 3-1 和图 3-1 所示。

第一个高峰期为 1997 年，在此之前每年的文化及相关产业上市公司数量都不超过 8 家，但 1997 年出现了 12 家，约占文化及相关产业上市公司总量的 5%。主要是因为这一阶段是国家在文化发展方面出台政策扶持的高峰期。首先，1996 年党的十四届六中全会《关于加强社会主义精神文明建设若干重要问题的决议》中指出“要遵循文化发展的内在规律，发挥市场机制的积极作用，理顺国家、单位、个人之间的关系，逐步形成国家保证重点、鼓励社会兴办文化事业的发展格局”。随后，1997 年文化部发布《文化事业发展“九五”计划和 2010 年远景目标纲要》，强调“根据现阶段经济发展和市场竞争的新特

---

① 《文化及相关产业分类（2018）》对之前文化产业的具体划分，除了应对互联网时代的到来进行了增补和调整外，还有一些小的调整，如把图书的出版和发行分成了两个不同的类别——“02 创作内容生产”“04 文化传播渠道”，对于此类公司，我们也是按照主营业务来进行分类的。

② 237 家文化及相关产业上市公司的详细情况见附录 3。

点，鼓励文化经营单位之间优势互补，促进资产、人才、技术等要素的合理组合，形成以优秀人才、高新技术、名牌产品、高效益经营单位为龙头的，以资产为纽带的跨行业、跨地区的大型文化企业集团”。同时，文化体制改革开始，1996 年，中央机构编制委员会颁布了《关于事业单位机构改革若干问题的意见》，1997 年，文化部则发布了《关于继续深化艺术表演团体体制改革的意见》，整个文化市场开始活跃起来。

第二个高峰期为 2010 年，共有 28 家文化公司上市，2011 年上市文化公司的数量也达到 22 家，分别占文化及相关产业上市公司总量的 11.81% 和 9.28%。这一时期一系列文化产业政策出台：在国家层面，2009 年 7 月，我国推出第一部文化产业专项规划——《文化产业振兴规划》，这标志着我国文化产业的战略地位得到进一步提高，成为助推社会转型、促进国家经济结构调整的新动力。在此背景下，国家陆续出台《关于深化国有文艺演出院团体制改革的若干意见》《关于深化中央各部门各单位出版社体制改革的意见》等政策措施，为金融危机中文化产业继续保持“逆势上扬”，为我国文化产业应对新的时代发展机遇提供政策保障。与此同时，2010 年 3 月，中宣部、中国人民银行、财政部、文化部等 9 部门共同发布了《关于金融支持文化产业振兴和发展指导意见》，这是第一个在国家层面上鼓励金融与文化产业全面对接的政策性指导文件，对拓宽文化产业投融资渠道提供了宝贵支持。在地方层面，浙江省出台《推动文化大发展大繁荣纲要（2008—2012）》（2008 年），广东省出台《广东省建设文化强省规划纲要（2011—2020 年）》（2010 年）、《深圳市文化产业促进条例》（2008 年），上海市出台《加快创意产业发展的指导意见》（2008 年）、《上海市金融支持文化产业发展繁荣的实施意见》（2010 年）等，加大了对文化产业的扶持力度。

第三个高峰期出现在 2016—2017 年，文化及相关产业新上市公司数量分别为 26 家和 27 家，分别占比 10.97% 和 11.39%。2016 年 3 月，《中华人民共和国国民经济和社会发展第十三个五年规划纲要》指出，“十三五”期间要推动文化产业成为国民经济支柱性产业，为文化产业发展明确了阶段性目标。2017 年 4 月，文化部正式发布《文化部“十三五”时期文化产业发展规划》，这是指导“十三五”时期文化产业工作的总体规划，重点提到政府鼓励和引导社会资本进入文化产业，鼓励社会资本进入文化企业孵化器、文化众创空间、文化资源保护开发等新兴领域。2018年国家机构改革启动，与文化产业相关的机构通过合并、重组，新组建了文化和旅游部、国家广播电视总局、中央广播电视总台，中宣部统一管理新闻出版工作和电影工作等，各省区市也同样提出了类似的改革方案，大力推动了文化产业管理机制的完善与优化，对文化产业发展具有重要意义。

此外，除了1990年、1991年我国证券市场刚开放时没有文化类企业上市外，从图3-1中还能看出2005年和2013年文化以及相关企业上市公司数量为0。2005年4月29日中国证监会发布了《关于上市公司股权分置改革试点有关问题的通知》，宣布启动股权分置改革试点工作。受到股份分置改革的影响，2005年5月25日开始IPO暂停，一直到2006年6月才恢复IPO。2012年12月28日，中国证监会发布《关于做好首次公开发行股票公司2012年度财务报告专项检查工作的通知》，开启了“史上最严”的IPO公司财务大检查，以挤干拟上市公司财务上的“水分”。2012年11月至2013年11月，中国证监会IPO审核空窗期长达一年之久，因此，2013年没有文化及相关产业的公司上市。

表3-1　文化及相关产业上市公司的上市时间

上市年份	数量（家）	百分比（%）
1990	0	0.00
1991	0	0.00
1992	3	1.27
1993	6	2.53
1994	4	1.69
1995	1	0.42
1996	8	3.38
1997	12	5.06
1998	7	2.95

续表

上市年份	数量（家）	百分比（%）
1999	2	0.84
2000	5	2.11
2001	2	0.84
2002	3	1.27
2003	1	0.42
2004	5	2.11
2005	0	0.00
2006	3	1.27
2007	10	4.22
2008	3	1.27
2009	5	2.11
2010	28	11.81
2011	22	9.28
2012	13	5.49
2013	0	0.00
2014	8	3.38
2015	20	8.44
2016	26	10.97
2017	27	11.39
2018	2	0.84
2019	11	4.64
总计	237	100.00

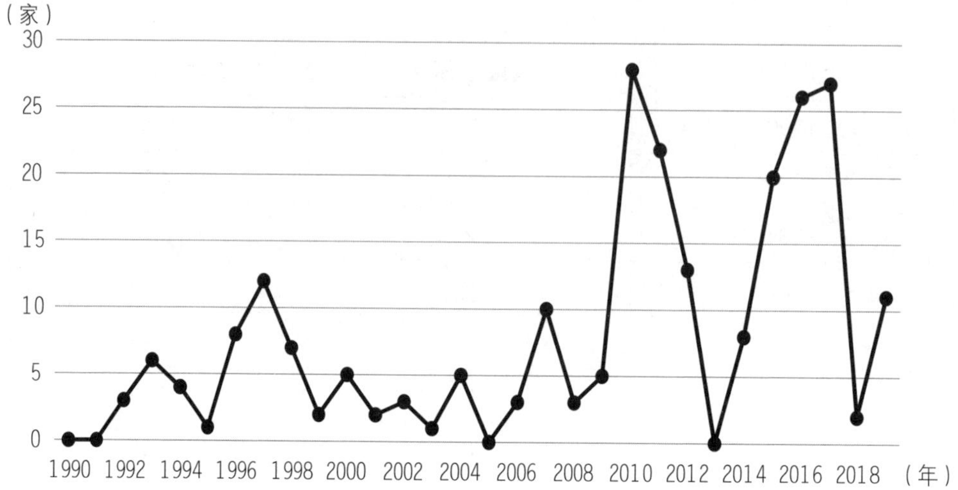

图 3-1 文化及相关产业上市公司的时间分布情况

二、地区分布

从国内文化及相关产业上市公司注册地址的分布情况来看，不同省区市之间存在较大差异，东、中、西部发展极其不平衡（如表 3-2 所示）。

第一，文化及相关产业上市公司的上市数量在东中西部具有明显的差异。西部和中部地区公司仅有 23 家和 25 家，分别占总量的 9.7% 和 10.55%；而位于东部地区的公司有 189 家，占总量的 79.75%，数量远远超过了西部和中部的总和。东部地区由于经济水平较高、政府政策支持和人民的文化消费需求高，文化产业发展速度普遍比较快。

第二，广东省、北京市、浙江省三个地区的文化及相关产业上市公司的数量最多，分别为 49 家、37 家、32 家。广东省的公司占总数的 20.68%，在 31 个省区市中处于明显领先地位。广东省文化产业的发展与广东省发达的市场经济、开放的文化市场、大文化管理体制以及近些年陆续出台的一系列鼓励、支持文化产业发展的文化政策有关。北京市文化及相关产业上市公司的数量约占全国的 15.61%，位居第二。北京市有相对完善的政策体系和政策支持力度，文化产业专项资金较多，税收优惠政策内容也比较全面。浙江省文化及相关产业上市公司数量占比也达到 10% 以上，位列第三。近年来，浙江省通过政策文件，从资金、税收、土地、金融、人才等方面为文化产业发展提供强有力的支撑，新闻出版、广播电视、动漫游戏、文化演艺和文化旅游等产业稳步发展。

第三，甘肃省、海南省、宁夏回族自治区、新疆维吾尔自治区和云南省这5个地区的文化及相关产业上市公司都各只有1家，各占总数的0.42%。除海南省外，其余4个地区均位于西部。西部地区与其他地区相比，往往具有丰富的民族文化资源和特色景点，但是文化产业结构处于相对较低的发展状态，文化产业发展模式普遍为粗放型，特色文化资源开发并没有很好地与创意开发、市场化运营有机结合。见表3-2。

表3-2 文化及相关产业上市公司的区域分布情况

注册地址	所属区域	数量（家）	百分比（%）
广东省	东部	49	20.68
北京市	东部	37	15.61
浙江省	东部	32	13.50
江苏省	东部	18	7.59
上海市	东部	18	7.59
山东省	东部	12	5.06
福建省	东部	10	4.22
四川省	西部	9	3.80
安徽省	中部	7	2.95
湖南省	中部	7	2.95
湖北省	中部	4	1.69
辽宁省	东部	4	1.69
广西壮族自治区	西部	3	1.27
吉林省	中部	3	1.27
陕西省	西部	3	1.27
天津市	东部	3	1.27

续表

注册地址	所属区域	数量（家）	百分比（%）
西藏自治区	西部	3	1.27
贵州省	西部	2	0.84
河北省	东部	2	0.84
河南省	中部	2	0.84
江西省	中部	2	0.84
重庆市	西部	2	0.84
甘肃省	西部	1	0.42
海南省	东部	1	0.42
宁夏回族自治区	西部	1	0.42
新疆维吾尔自治区	西部	1	0.42
云南省	西部	1	0.42

图 3-2 给出了不同年份东、中、西部上市公司的数量，据此可以发现：

第一，文化及相关产业公司逐步上市。1992 年，第一家文化及相关产业上市公司出现在东部地区，这也是我国第一家文化上市公司。1994 年、1996 年中部和西部地区的第一家文化及相关产业上市公司出现。1998 年开始，文化市场进入了全面推进时期。文化部、国家工商局联合发布《关于加强文化市场管理工作的通知》，正式提出了“文化市场”的概念。1989 年，国务院批准在文化部设置文化市场管理局，全国文化市场管理体系开始建立。1991 年，国务院批转《文化部关于文化事业若干经济政策意见的报告》，“文化经济”概念正式提出。这一系列的政策体现了国家政府对于文化产业发展的重视，在这一时期，文化及相关产业的公司逐步进入资本市场。

第二，从 2010 年开始，东部地区的文化及相关产业上市公司数量迅速增加，从小于 10 家突增至 24 家。无论从国家层面还是地方层面来看，这一时期都是文化产业扶持政策的高发期。随着文化产业地位的提高和激励政策、措施的出台，文化产业的整体实力和竞争力不断提升，文化产业得到了迅速发展。

第三，中西部地区的文化及相关产业上市公司数量并没有明显变化，并且主要集中在内容创作生产、文化休闲娱乐服务行业。尤其是文化休闲娱乐行业的 12 家上市公司中有 9 家都分布在中西部地区。一直以来，中西部地区的文化产业都集中在文化产品的直接生产上，即特色工艺品、文化旅游等，对资源的依赖性较高。近年来，内容创作生产行业迅速发展，中西部地区内容创作生产行业的上市公司数量也逐渐增多。

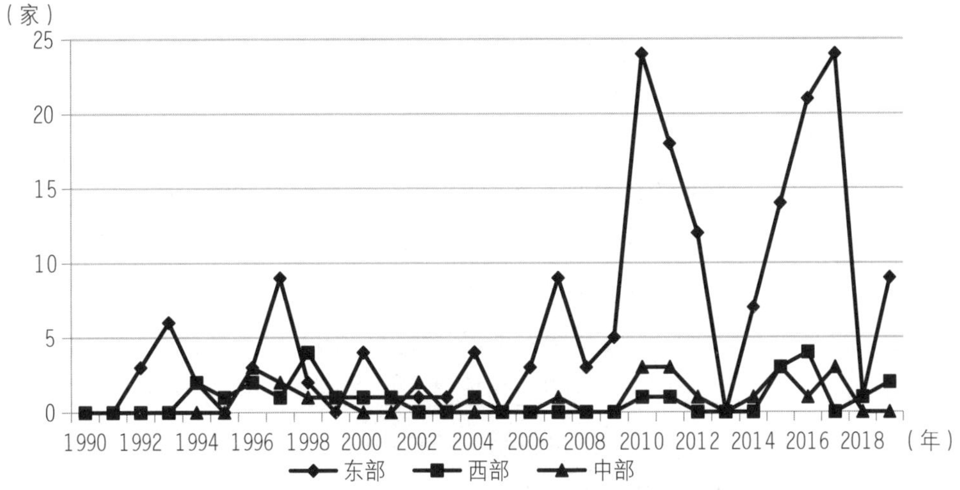

图 3-2　不同区域文化及相关产业上市公司的数量

三、行业分布

表 3-3 和表 3-4 列示了文化及相关产业上市公司的行业总分布和按年份的行业分布，从中可以看出以下特点：

第一，内容创作生产行业的公司数量最多，为 92 家，占文化及相关产业上市公司总数的比例是 38.82%，处于明显优势地位。从 2010 年开始，从事内容创作生产的上市公司数量明显增多，主要是从事广播影视节目制作和数字内容服务的公司。2010 年政府出台了《国务院办公厅关于促进电影产业繁荣发展的指导意见》和《广电总局关于改进和完善电剧本（梗概）备案、电影片审查工作的通知》，为促进电影制作提供了政策支持。同时由于近几年广播影视节目制作的迅速发展，越来越多的企业开始涉足这个领域。数字出版产品由于海量存储、搜索便捷、传输快速、互动性强、成本低廉、低碳环保等特点，已经成为出版业的战略性新兴产业和主要发展方向。2011 年，《新闻出版总署关于加快我国数字出版产业发展的若干意见》提出了要加快推动传统出版单位数字化转型，并为数字出版产业服务发展提供保障。2020 年 11 月，文化和旅游部发布《关于推动数字文化产业高质量发展的意见》提出“培育数字文化产业新型业态”，促进优秀文化资源数字化、培育云演艺业态，并且为数字文化产业的发展提供了政策环境和要素支撑。如今，“互联网 +”的无边界性和分享性成为文化传播和产业发展的引擎。文化产业与互联网的高度融合不但孕育着新的商业模式变革，更代表着未来新经济和新文化的发展方向与趋势。

第二，文化辅助生产和中介服务行业、创意设计服务行业的公司数量分别为 35 家和 34 家，分别占比 14.77% 和 14.35%，排在第二和第三位。文化辅助生产和中介服务行业的公司主要是从事会展服务、经济代理服务、复印印刷服务等，为文化核心产业的发展起到了重要的支撑作用。创意设计服务行业的公司主要是从事互联网广告服务和专业设计服务。创意设计通过人的智慧和技能，借助高科技对文化资源进行创造和提升，生产出具有高附加值的产品。近年来，在强化创新驱动、着力推进供给侧结构性改革的政策引领下，创意设计服务业快速发展，规模不断扩大，投资文化创意产业热情高涨，文化创意产品和服务丰富多样。财政补贴、税收优惠、金融扶持和人才支撑等政策措施，多措并举，因地制宜，共同推动文化创意产业的发展。

第三，其余行业的上市公司占比均小于 10%。其中，新闻信息服务、文化娱乐休闲服务、文化装备生产三个行业的上市公司数量均只有 12 家，各占总数的 5.06%。面对人们全面、快速获取新闻信息的需求，新闻信息服务业一直处于稳步发展阶段，但是新闻信息服务业的公司主营业务较为单一，上市难度较大。从事文化休闲娱乐服务的通常是中小型文化企业，规模小、实力弱，上市难度较大。文化装备生产业为满足文化生产与传播需要而提供的各类专用材料与设备的制造和销售，属于传统的文化制造领域，市场需求大、发展模式成熟。

表 3–3　文化及相关产业上市公司的行业分布

产业分类	数量（家）	百分比（%）
02 内容创作生产	92	38.82
07 文化辅助生产和中介服务	35	14.77
03 创意设计服务	34	14.35
04 文化传播渠道	22	9.28
09 文化消费终端生产	18	7.60
01 新闻信息服务	12	5.06
06 文化娱乐休闲服务	12	5.06
08 文化装备生产	12	5.06
05 文化投资运营	0	0.00
总计	237	100.00

表 3–4　文化及相关产业上市公司的行业分布（按年份）

上市年份	01 新闻信息服务	02 内容创作生产	03 创意设计服务	04 文化传播渠道	05 文化投资运营	06 文化娱乐休闲服务	07 文化辅助生产和中介服务	08 文化装备生产	09 文化消费终端生产
1990	0	0	0	0	0	0	0	0	0
1991	0	0	0	0	0	0	0	0	0
1992	0	1	0	1	0	0	0	0	1
1993	0	2	2	2	0	0	0	0	0
1994	1	0	1	1	0	0	0	0	1
1995	0	0	1	0	0	0	0	0	0
1996	2	1	1	1	0	3	0	0	0
1997	1	3	1	2	0	2	1	0	2
1998	0	2	0	0	0	0	3	1	1
1999	0	2	0	0	0	0	0	0	0

续表

上市年份	01 新闻信息服务	02 内容创作生产	03 创意设计服务	04 文化传播渠道	05 文化投资运营	06 文化娱乐休闲服务	07 文化辅助生产和中介服务	08 文化装备生产	09 文化消费终端生产
2000	0	1	0	1	0	1	2	0	0
2001	0	0	1	1	0	0	0	0	0
2002	0	2	0	0	0	1	0	0	0
2003	0	1	0	0	0	0	0	0	0
2004	0	1	1	0	0	1	2	0	0
2005	0	0	0	0	0	0	0	0	0
2006	1	0	0	0	0	0	1	0	1
2007	1	2	3	0	0	1	2	0	1
2008	0	0	0	1	0	0	2	0	0
2009	0	3	0	0	0	0	0	1	1
2010	0	15	3	1	0	1	2	1	5
2011	1	14	2	0	0	0	3	2	0
2012	2	4	3	1	0	0	1	2	0
2013	0	0	0	0	0	0	0	0	0
2014	0	3	4	0	0	0	1	0	0
2015	0	8	4	2	0	1	2	1	2
2016	1	12	2	4	0	0	5	2	0
2017	1	10	4	3	0	1	4	1	3
2018	0	1	0	0	0	0	0	1	0
2019	1	4	1	1	0	0	4	0	0
总计	12	92	34	22	0	12	35	12	18

四、所有制分布

从不同所有制的文化及相关产业上市公司的情况来看，如表 3-5 所示，民营企业占比超过一半。虽然在文化产业领域，非公资本有很多领域不能进入，但民营类的文化及相关产业上市公司仍然是数量最多的，这与近些年互联网、数字等新兴产业的发展直接相关。

具体来看，第一，民营文化及相关产业上市公司有 143 家，占文化及相关产业上市公司总量的 60.34%，且主要集中在广播影视制作、互联网游戏服务、游戏动漫和软件开发等领域，这些领域的市场准入门槛相对较低，但创新创意发展较快的非公文化资本比较容易进入。从世界文化产业发展的历程与主要经验来看，民营文化企业一直是文化产业最庞大的企业主体与最活跃的创新来源，特别是在新兴文化产业领域，民营文化企业占据着主导地位。当前我国上市文化及相关产业企业中，民营企业同样占据着主导地位，在产业创新中发挥着积极的引导作用，但囿于所有制属性的原因，民营企业一直面临着资金短缺、融资能力弱、政府资助缺乏等困境，发展规模普遍不大。第二，省属国资控股、地市国资控股、央企国资控股分别排在第二、第三、第四位，分别占比 16.03%、10.55%、5.91%，国有文化及相关产业上市公司主要集中在新闻出版服务、广播电视传输服务、图书出版等行业，这些行业属于传统的文化产业领域，其文化属性与意识形态属性较强，非公文化资本较难进入，而且这些企业有很大一部分是由之前的事业单位转轨改制而来，发展时间长、企业规模大。第三，外资文化及相关产业上市公司数量较少，只有 12 家，占文化及相关产业上市公司总量的 5.06%，如博汇纸业、分众传媒、凯撒文化、中嘉博创等，主要分布在内容创作生产、文化辅助生产和中介服务两个行业。此外，在目前的文化及相关产业上市公司中，集体企业的数量是最少的，只有 1 家，仅占文化及相关产业上市公司总量的 0.42%，为 2017 年上市的横店影视，主要从事影片发行工作。

表 3-5 文化及相关产业上市公司的所有制分布情况

企业性质	数量（家）	百分比（%）
民营企业	143	60.34
省属国资控股	38	16.03
地市国资控股	25	10.55
央企国资控股	14	5.91
外资企业	12	5.06
集体企业	1	0.42
其他	4	1.69
总计	237	100.00

五、实际控制人分布

如表 3-6 所示，将文化及相关产业上市公司按照实际控制人不同可以分为 8 类，分别为中央政府、地方政府、事业单位、国有企业、民营企业、自然人、公众持股、无实际控制人。其中，实际控制人为自然人的上市公司有 158 家，占比 66.67%，这与文化及相关产业上市公司中民营文化企业数量偏多有关系；实际控制人是地方政府的有 49 家，占比 20.68%；实际控制人为事业单位的上市公司有 11 家，占比 4.64%；国有企业、中央政府、公众持股、民营企业为实际控制人以及无实际控制人的企业均少于 10 家。由此可见，自然人是当前中国文化及相关产业上市公司最为主要的实际控制人类型。

表 3-6 文化及相关产业上市公司实际控制人的分布情况

实际控制人	数量（家）	百分比（%）
自然人	158	66.67
地方政府	49	20.68
事业单位	11	4.64
国有企业	9	3.80

续表

实际控制人	数量（家）	百分比（%）
中央政府	6	2.53
无实际控制人	3	1.26
公众持股	1	0.42
民营企业	0	0.00
总计	237	100.00

六、上市地点分布

表 3-7 列示了在深圳证券交易所和上海证券交易所上市的文化及相关产业企业。从 1990—2019 年的 237 家文化及相关产业上市公司来看，深交所上市的公司较多，有 158 家，约占总量的 67%；上交所上市公司有 79 家，约占总量的 33%。上交所上市公司数量长期以来较为稳定，而深交所上市公司数量波动较大。根据上市公司数量，可以将 1990—2019 年划分为 4 个时间段。

第一，1990—1999 年，在这一时间段，深交所和上交所上市的文化及相关产业上市公司数量差别不大。这是因为，一方面，证券市场还处于起步阶段，资本市场刚刚开放；另一方面，随着 1992 年 10 月党的“十四大”提出要“积极推进文化体制改革，完善文化事业的有关经济政策，繁荣社会主义文化”，文化产业开始进入了发展阶段，文化市场逐渐繁荣，文化企业开始发展起来。

第二，2000—2004 年，在这一时间段深交所上市公司数量明显减少。主要原因在于深交所为了筹备创业板，暂停了新股上市。在这一阶段的上市公司只能选择在上交所上市，深交所与上交所的差距逐步拉大。从 2004 年开始，作为创业板的过渡，中小板在深交所面世，深交所上市公司数量逐渐增加。中小企业板市场的公司普遍具有收入增长快、盈利能力强的特点，而且股票流动性好，交易活跃。

第三，2009—2013 年，在深交所上市的文化公司数量明显增加。2009 年创业板面世，创业板与主板市场相比，在资本规模、中长期业绩等方面的要求更加宽松，进入门槛较低。对于中小企业来说，是发展的好机会。此时，大企业已经陆续上市了，因此，股本相对小的企业纷纷选择在深交所上市，深交所的上市企业数量迅速增加。

第四，2014—2019 年，深交所、上交所上市公司数量逐渐趋于平均，企业可以根据自身情况选择上市地。目前，综合实力较强、规模较大的企业多选择主板市场上市；中小型企业通常选择中小板或创业板。在中小型企业中，新兴行业、创新高科技企业通常会选择在创业板上市，中型稳定发展的企业则选择在中小板上市。

表 3–7　文化及相关产业上市公司的上市交易所的分布情况

年份	上交所（家）	深交所（家）	总计
1990	0	0	0
1991	0	0	0
1992	2	1	3
1993	4	2	6
1994	3	1	4
1995	1	0	1
1996	4	4	8
1997	5	7	12
1998	2	5	7
1999	0	2	2
2000	2	3	5
2001	2	0	2
2002	3	0	3
2003	1	0	1
2004	2	3	5
2005	0	0	0
2006	0	3	3

续表

年份	上交所（家）	深交所（家）	总计
2007	1	9	10
2008	0	3	3
2009	0	5	5
2010	2	26	28
2011	2	20	22
2012	3	10	13
2013	0	0	0
2014	2	6	8
2015	7	13	20
2016	12	14	26
2017	15	12	27
2018	0	2	2
2019	4	7	11
总计	79	158	237

七、被风险警示公司的情况

对于出现财务状况或其他状况异常的上市公司，深交所和上交所会对其股票交易进行特别处理，在简称前冠以“ST”，以给出该股票存在投资风险的警示。同时，对于有退市风险的公司，会加上“*ST”，予以警示。在237家文化及相关产业上市公司中，共有27家公司受到过特别处理风险警示，有26家公司已经撤销风险警示，目前只有ST网力仍然处于特别处理风险警示（见表3-8）。ST网力由于主营业务盈利能力较弱、净资产总额较低和涉及资金占用、违规担保立案调查，被实施风险警示。

表 3-8 文化及相关产业上市公司的 ST 情况

名称	开始特别处理的年份	结束特别处理的年份
滨海能源	2003	2005
TCL 科技	2007	2008
美利云	2015	2016
四川九洲	2003	2006
ST 毅昌	2019	2021
北京文化	2004	2006
浙数文化	2010	2011
天下秀	2016	2020
深大通	2006	2013
智度股份	2010	2014
西藏旅游	2003	2003
华数传媒	2003	2003
曲江文旅	2007	2012
广弘控股	2003	2009
文投控股	2003	2011
当代文体	2006	2009
华媒控股	2011	2012
欢瑞世纪	2011	2013
中文传媒	2010	2011
张家界	2000	2012
视觉中国	2007	2013
祥源文化	2006	2007
中原传媒	2005	2011
长江传媒	2010	2012
ST 网力	2020	—

续表

名称	开始特别处理的年份	结束特别处理的年份
大智慧	2017	2018
华建集团	2002	2006

八、借壳上市公司的情况

借壳上市（见表 3-9）是指还未上市的公司（母公司）通过收购、资产置换等方式取得已上市公司（子公司）的控股权，从而实现上市的目的。所谓“壳”就是指上市公司的上市资格。有些上市公司可能由于经营管理不善，丧失了进一步筹集资金的能力，这时母公司就可以通过将主要资产注入已上市的子公司中，达到上市的目的。

由于 IPO 的限制因素，近年来借壳上市企业越来越多，文化及相关产业的公司也迎来了借壳上市的热潮。尤其在 2010 年后，文化及相关产业上市公司数量迅速增加，在 2012 年借壳上市的公司最多，为 6 家。从上市地点来看，虽然国家政策不断加码，对文化产业不断加大支持政策，但是地域分布差异性较大。在一些文化资源丰富、具有悠久历史与独特资源的省份，文化企业本身数量就较多，加之自身企业不断发展壮大，借壳上市的需求便更旺盛。

为加大对文化产业的扶持力度，国家不断出台了多项支持和促进文化产业发展的政策，加快推进文化体制改革。大型的文化公司通过上市可以有效利用资本市场，建立完善自身所需的治理结构，还能够全面提升企业的综合竞争力。这不仅是深化我国文化体制改革的必经之路，也是党和国家对当前文化企业发展提出的最新要求。近年来，国家许多部门共同发力，鼓励文化企业开展并购活动，并在一定程度上给予支持。2012 年，文化部发布《“十二五”时期文化产业倍增计划》；2014 年，国务院办公厅发布《关于印发文化体制改革中经营性文化事业单位转制为企业和进一步支持文化企业发展两个规定的通知》；2015 年，中共中央办公厅、国务院办公厅印发《关于加快构建现代公共文化服务体系的意见》。这些文件都对文化企业的上市、兼并与重组等活动给予了明确规定和政策倾斜。

表 3–9　文化及相关产业上市公司借壳上市的情况

借壳公司名称	被借壳公司名称	上市年份	借壳上市年份	省份
创维数字	华润锦华	1998	2014	四川省
湖北广电	武汉塑料	1996	2012	湖北省
粤传媒	粤传媒	2007	2012	广东省
浙数文化	白猫股份	1993	2011	浙江省
分众传媒	七喜控股	2004	2016	广东省
慈文传媒	禾欣股份	2010	2015	浙江省
天下秀	慧球科技	2001	2019	广西壮族自治区
东方明珠	广电信息	1993	2011	上海市
巨人网络	世纪游轮	2011	2016	重庆市
游族网络	梅花伞	2007	2014	福建省
华数传媒	嘉瑞新材	2000	2012	浙江省
完美世界	金磊股份	2011	2014	浙江省
曲江文旅	长安信息	1996	2012	陕西省
恺英网络	泰亚股份	2010	2016	福建省
号百控股	中卫国脉	1993	2012	上海市
广弘控股	粤美雅	1993	2009	广东省
华媒控股	华智控股	1996	2014	浙江省
欢瑞世纪	星美联合	1999	2017	重庆市
城市传媒	青岛碱业	2000	2015	山东省
时代出版	科大创新	2002	2008	安徽省
中文传媒	鑫新股份	2002	2010	江西省
视觉中国	远东股份	1997	2010	江苏省
中原传媒	焦作鑫安	1997	2011	河南省
长江传媒	华源发展	1996	2012	湖北省
华建集团	凌光实业	1993	2015	上海市

第四章

文化企业公司治理的原则及特殊性

文化企业具有经济和社会意识形态的双重属性，是商品属性和精神属性的融合。文化企业既是追求利润的市场化组织，受到市场规律的制约，又背负着传播健康文化、丰富人们精神世界以及树立正确价值观的社会责任。对于经济属性和经济效益，文化产业与其他产业没有太大的差异，并不会对公司治理有特殊的要求，关键是如何既能维护好意识形态属性所带来的社会效益，又能在此基础上兼顾经济效益，对公司治理提出了挑战和要求。

第一节　治理原则

党的十九大报告中指出："要深化文化体制改革，完善文化管理体制，加快构建把社会效益放在首位、社会效益和经济效益相统一的体制机制。"中共中央办公厅、国务院办公厅印发了《关于推动国有文化企业把社会效益放在首位、实现社会效益和经济效益相统一的指导意见》(以下简称《指导意见》)，指出文化企业提供精神产品，传播思想信息，担负文化传承使命，必须始终坚持把社会效益放在首位，实现社会效益和经济效益相统一。国有文化企业是发展文化产业、实施文化强国战略、建设和传播社会主义先进文化的重要力量，必须着力建立有文化特色的现代企业制度，充分发挥示范引领和表率带动作用，在推动两个效益相统一中走在前列。习近平总书记强调，要坚定不移深化国有企业改革，着力创新体制机制，加快建立现代企业制度，发挥国有企业各类人才的积极性、主动性、创造性，激发各类要素活力。在此背景下，完善公司治理是激发国有文化企业在文化市场体系中竞争力的重要一环。因此，在完善国有文化企业公司治理时，要综合考量文化产业的双重属性、两个效益相互之间的关系，把握好以下两方面的原则[①]。

一、坚持社会效益优先的原则

这是由国有文化企业担负的特殊使命决定的。企业是社会资源配置的载体

① 张娜、郭名：《完善国有文化企业公司治理的几个原则》,《光明日报》2018 年 7 月 18 日。

和工具，社会资源配置采取什么样的企业性质，取决于社会性质和社会发展阶段。习近平总书记强调，国有企业是壮大国家综合实力、保障人民共同利益的重要力量，必须理直气壮做强、做优、做大，不断增强活力、影响力、抗风险能力，实现国有资产保值增值。文化产品的意识形态属性体现了民族精神，表达了社会理想，反映了国家性质，不仅如此，文化产品还对非文化产品的生产具有强烈的渗透性和影响力。因此，文化产品如果意识形态发生方向和路径错误，有可能导致全局性风险，历史已经多次证明了这一点。认识到这些，就不难理解文化产品巨大的社会效益价值。因此，国有文化企业作为发展文化产业、建设社会主义先进文化的重要力量，其公司治理目标决不能简单地以企业利润最大化、股东权益最大化而论，而必须首先保证正确的意识形态方向，优先保证企业的社会效益。如果文化企业不重视良好的意识形态属性，尽管短时间内能够获得一定的经济效益，但最终会影响长期发展。因此，文化企业应把社会效益放在首位。

二、坚持社会效益和经济效益相统一的原则

国有文化企业担负追求社会效益的责任，意味着文化产品具有一定的公益性，对文化产品的经济效益追求可以在一定程度上降低标准。但社会效益优先不等于放弃对经济效益的追求。文化产品也是产品，生产文化产品也要消耗社会资源，不能不关心投入—产出的关系，要把两个效益统一起来，既要保证国有文化企业发展的大方向不出现偏差，也要循序渐进地让国有文化企业走上自主经营的市场化道路，取得相应的经济回报。在经济全球化的市场经济体系下，物质产品生产的产能过剩成为与经济活动相伴始终的现象，消费形态也正逐步由物质消费向服务消费转移，文化产品具有跨地域的潜在竞争力，日益成为影响国家软实力的关键因素。国有文化企业面对广阔的市场发展空间，有巨大的潜力实现经济效益，有能力保证国有资本的保值增值。目前，我国国有文化企业体制机制有效地确保了我国的意识形态安全和文化安全，但仍需进一步深化改革、激发活力，而通过公司治理具体机制的设置和执行来实现这一目标则是较为现实可行的路径之一。

以上以国有文化企业为例分析了文化企业在治理中需要把握的原则，实际上，这些原则也适用于非国有文化企业。如果文化企业把治理目标确定为利润

最大化或股东收益最大化，那么还是应考虑其社会效益。因为只有社会效益发挥正能量，其长久发展才能得以保证，才能更好地创造经济效益。为保障企业意识形态安全发挥良好的社会效益，就需要与之配套的治理结构和治理机制。

第二节 党委会参与治理

公司治理结构的选择直接影响着公司控制权的配置，对实际的公司治理有着重大的影响。通常情形下，在我国上市公司的治理结构中，治理主体主要是股东大会、董事会、监事会和经理层。而在国有文化企业的治理中，党委会也要参与到公司治理中，如图 4-1 所示。

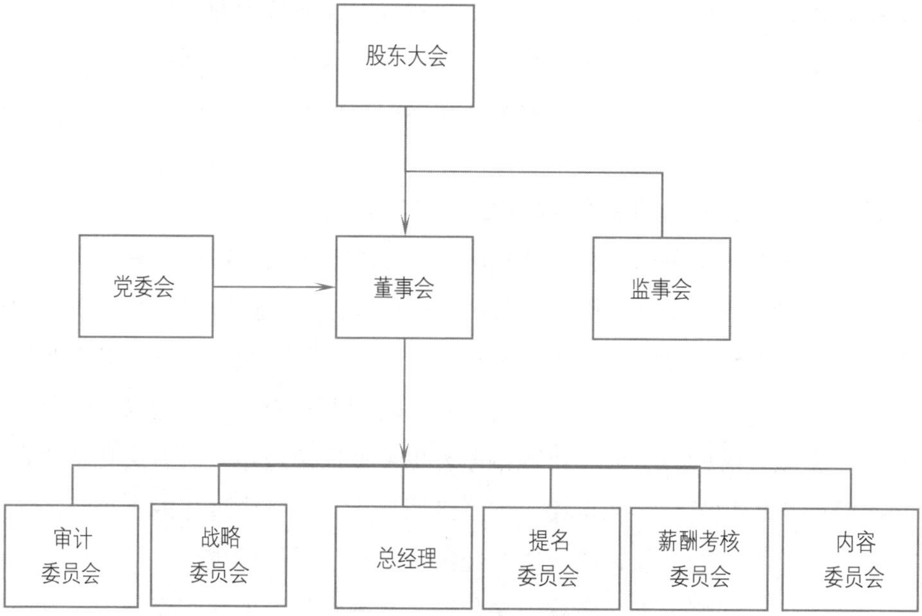

图 4-1 国有文化企业公司的治理结构图

文化体制改革事实上是党管意识形态的执政方式的一次转变，是对党的执政能力进行提升的一个契机。通过改革，实现党政分开、政企分开、管办分离，是要在社会主义市场经济条件下实现新的权利分配和资源配置，提高党管意识形态的执政效率。党的十八届三中全会提出“管人、管事、管资产、管导向”相统一，党委宣传部门拥有对国有文化企业重大事项的决策权、对资产配置的控制权、对宣传内容的审核权、对主要干部的任免权。党的领导体现在政治领导、思想领导、组织领导，党委的工作重心集中在战略层面，管导向、管原则、管重大问题的决策[①]。习近平总书记强调，要坚持党要管党、从严治党，加强和改进党对国有企业的领导，充分发挥党组织的政治核心作用。《指导意见》指出，在国有文化企业中，“企业党委成员以双向进入、交叉任职的方式进入董事会、监事会和经营管理层，党委书记兼任董事长，切实履行内容导向管理第一责任人职责。党委会、董事会、未设董事会的经理班子等决策机构要依据各自的职责、权限和议事规则，讨论决定涉及内容导向管理的重大事项及企业运营与发展的重大决策、重要人事任免、重大项目安排和大额度资金使用等事项”。这就意味着凡涉及企业发展大方向、内容生产导向的重大问题，党委委员和董事会成员要根据文化企业的特点，灵活、高效地召开诸如党委会、董事会、执行董事会进行讨论决策，党委会参与公司治理，能够在最大限度上保持国有文化产品的意识形态安全，但又不会直接干预企业的日常经营管理，企业拥有极大的经营自主权。

不同的治理主体在文化企业中扮演着不同的角色，拥有不同的权利，承担相应的责任，在社会主义市场经济体制所承载的相应的科技发展水平，开放程度，法制化、规范化程度中不断进行互动交流，能动地协调治理主体之间的相关关系，同时积极主动地优化文化企业的治理机制，不断进行修改、补充和创新[②]。

第三节　特殊管理股的实行

2002 年，中央提出大力推行文化体制改革，作为文化产业的重要组成部分，出版传媒产业积极推进文化体制改革，在 2006 年实行出版单位“转企改制”。转企改制使出版单位由事业单位转向企业单位后，极大地促进了其市场化进程，提高了市场竞争力，但与此同时，出版单位过度追求经济效益而忽略社会效益的现象随之出现，个别企业偏离正确出版价值导向的现象也时有

---

① 李媛媛：《深化文化行政管理体制改革问题探析》，《科学社会主义》2017 年第 5 期，第 106—110 页。

② 赵景华、张吉福、李永亮：《中央文化企业治理机制优化研究——基于行动者—系统—动力学理论视角》，《中央财经大学学报》2018 年第 8 期，第 121—128 页。

发生，特殊管理股制度就是在这种背景下提出来的。自党的十八届三中全会以来，党中央、国务院多次出台文件，鼓励和支持进行特殊管理股制度试点（见表 4-1）。

表 4-1 特殊管理股相关政策

时间	文件	发布单位	主要内容
2013 年 11 月 15 日	《中共中央关于全面深化改革若干重大问题的决定》	中共中央	继续推进国有经营性文化单位转企改制，加快公司制、股份制改造。要对按规定转制的重要国有传媒企业探索实行特殊管理股制度。在坚持出版权、播出权特许经营前提下，允许制作和出版、制作和播出分开
2014 年 2 月	《深化文化体制改革实施方案》	中央全面深化改革委员会	稳妥推进的试点任务，包括传媒企业实行特殊管理股制度试点
2014 年 4 月 16 日	《进一步支持文化企业发展的规定》	国务院办公厅	对按规定转制的重要国有传媒企业探索实行特殊管理股制度，经批准可开展试点
2014 年 10 月	《非公有制文化企业参与对外专项出版业务试点办法》	国家广播电视总局	标志着特殊管理股在出版行业正式启动
2015 年 4 月	《关于推动传统媒体和新兴媒体融合发展的指导意见》	中共中央、国务院	坚持行政推动与发挥市场作用相结合，探索以资本为纽带的媒体融合发展路径，支持传统媒体控股或参股互联网企业、科技企业，开展对互联网企业有关特许经营业务实行特殊管理股制度试点
2015 年 8 月	《关于深化国有企业改革的指导意见》	中共中央、国务院	推进公司制股份制改革，允许将部分国有资本转化为优先股，在少数特定领域探索建立国家特殊管理股制度

续表

时间	文件	发布单位	主要内容
2015 年 9 月	《关于推动国有文化企业把社会效益放在首位、实现社会效益和经济效益相统一的指导意见》	中共中央办公厅、国务院办公厅	按规定已经转企的出版社、非时政类报刊出版单位、新闻网站等，实行国有独资或国有文化企业控股下的国有多元；在新闻出版传媒领域探索实行特殊管理股制度
2016 年 2 月 4 日	《网络出版服务管理规定》	国家广播电视总局、中华人民共和国工业和信息化部	网络出版服务单位实行特殊管理股制度，具体办法由国家广播电视总局另行制定
2016 年 7 月 18 日	《关于进一步加快广播电视媒体与新兴媒体融合发展的意见》	国家广播电视总局	发挥市场在资源配置中的积极作用，探索以资本为纽带加快融合发展，参与控股或参股互联网企业、科技企业，开展对互联网企业有关特许经营业务实行特殊管理股制度试点
2017 年 1 月	《关于促进移动互联网健康有序发展的意见》	中共中央办公厅、国务院办公厅	在互联网新闻信息服务、网络出版服务、信息网络传播视听节目服务等领域开展特殊管理股试点
2017 年 5 月 2 日	《互联网新闻信息服务管理规定》	国家互联网信息办公室	符合条件的互联网新闻信息服务提供者实行特殊管理股制度，具体实施办法由国家互联网信息办公室另行制定

资料来源：根据相关文件整理。

在实践中，特殊管理股通常采取一股多权制或金股制的方式。一股多权制，即一股享有若干表决权，也称多权股，这是基于双重股权结构，即同股不同权的原则。在操作上将公司股票分为 A 股和 B 股两种，一般情况下两者都拥有一样的投票权，但 B 类股作为特殊股，一股拥有相当于 A 类股一股 10 倍的投票权，也可以更高，甚至达数万倍。当然，在双重股权结构中，A/B 类股票的权利可以在法律法规允许的框架内赋予新的内涵，但一定要保证 B 类股票的控制权。2002 年的《美国标准公司法》和 2006 年的《英国新公司法》允许实行“类别股份制度”，规定特定股东享有特别权利。所以，美国的《纽约时报》《华盛顿邮报》《华尔街日报》和英国的《每日邮报》等都是实行双重股权制度。金股制是指政府象征性持有一股特殊股，不干涉企业经营，一般也不享有收益权和其他投票权，但拥有重大经营决策中的一票否决权。金股多用于国有企业私有化过程中。

从国内来看，传媒企业大多实行双层股权结构，为企业带来了更好的发展机会。首先，有助于国有与民营出版传媒企业的合作，有助于同时发挥价值导向和市场机制作用。2015 年 8 月，北京联合出版有限公司持特殊管理股与北京时代华语图书股份有限公司联合设立北京华语联合出版有限责任公司，开展北京时代华语图书股份有限公司参与对外专项出版业务试点。2015 年底，国有出版单位人民出版社作为特殊管理股股东以无形资产占股 30% 与天舟文化股份有限公司成立人民天舟出版有限公司，获得国家广播电视总局授予的对外专项出版许可。国有出版传媒企业在版权资源、人才队伍、选题资源、内容风向判断等方面具有优势，能够很好地把握意识形态方向；而民营企业具有能够敏锐地发现市场商机，有着灵活的决策机制、多元化新颖的发行机制等优势。特殊管理股的实施，能够巧妙地把国有文化资本和民营文化资本的优势强强联合，各取所长。

其次，特殊管理股制度为互联网企业的监管和传统媒体转型提供了参考依据。2017 年 1 月 5 日，移动资讯分发平台 ZAKER 完成 C 轮融资，领投方是广东南方媒体融合发展投资基金，江苏聚合资本、深圳报业集团、江苏现代快报传媒有限公司、北京鑫和泰道投资管理有限公司、深圳市国融文化产业管理企业跟投，在这次投资中引入深圳报业集团作为特殊管理股试点。同年 8 月，人民网参股北京铁血科技公司是明确的特殊管理股试点，人民网以 7.89 元 / 股的价格，认购铁血科技发行的 91.33 万股非限售流通股股票，占发行后铁血科技总股本的 1.5%，发行完成后，人民网向铁血科技推荐一名董事，并经过铁血科技公司股东大会选举产生，铁血科技将设总编辑一名，列入高级管理人员名单，同时，铁血科技将与人民网签署内容审核服务合同，由人民网负责铁血科技的内容审核工作，铁血科技支付相应的审核费用[①]。通过持有特殊管理股，国

① 人民网参股铁血社区母公司铁血科技负责内容审核，http://tech.sina.com.cn/roll/2017-08-23/doc-ifykiqfe0876356.shtml。

有报业出版集团在技术、平台、内容等方面实现转型的同时，对互联网媒体内容实现了监管和控制。另外，有关新闻评论指出当前互联网资讯企业监管趋势的政策不明朗，资本因而持观望态度，引入国有出版传媒企业作为特殊管理股东，附加的资金、政策和红利，对于互联网企业来说是一个绝佳的机遇。

总之，在传媒企业试点特殊管理股制度，有利于加强意识形态管理，坚持正确导向；有利于实现股权多元化，完善现代企业制度；有利于发展混合经济；有利于实现高管持股、员工持股。各国的经验表明，作为一种分离现金流权和控制权的制度安排，实施特殊股权结构可以对公司实行有效控制，促使企业从短期承诺转变为长期导向，有利于公司的长期发展。虽然在某种程度上与现代公司的治理结构有一定冲突，但在赋予与控制权相匹配的市场制衡和纠错机制的前提下，辅以可行且周密的动态制度设计，政府（企业创始人、核心管理层）拥有控制权与保护公共股东利益的矛盾并非不可调和。特别是对于文化企业而言，由于其兼具意识形态属性和经济属性，出于其政治性和市场性的双重考量，特殊股权结构设计可以促成文化企业意识形态属性与经济性的完美融合。正因如此，新加坡报业控股集团、美国新闻集团、美国康卡斯特电信公司等国际大型传媒集团和新媒体帝国的成长壮大都从中获益[①]。

第四节　内容委员会的设置

董事会是在经股东会选举产生董事的基础上，由全体董事组成的行使经营决策权和管理权的集体性业务执行机关，是公司的经营决策和领导机关，是公司法定的常设机构，也是公司治理最重要的机构之一，它正如人的大脑，被看作公司的中枢，一切对公司治理产生影响的机制最终都得通过董事会而发挥作用。董事会在公司治理方面具有无以替代的核心地位，关键的目标是通过对公司事务的集体指导保证公司的繁荣发展，同时满足股东和其他利益相关者的正当利益。具体职责包括：建立并维护远景、使命和价值观，决定战略和结构，向管理层授权，对股东负责和对利益相关者负有责任（英国董事会协会，

---

① 潘爱玲、郭超：《国有传媒企业改革中特殊管理股制度的探索：国际经验与中国选择》，《东岳论丛》2015年第3期，第123—129页。

1999)。一个理想的董事会既应具有充分的独立性和民主，又应拥有合理的内部结构和高素质的成员，只有这样，它才能够以公司的长远利益为目标，协调各方的利益、责任和风险，合理地配置公司的各种资源，并对公司的管理层实施有效的激励和监督①。

董事会要尽可能地履行职责，一方面需要股东大会合理充分地授权，另一方面需要健全内部结构。世界各国之间董事会的结构差异很大，大致有三种类型：单层董事会制、纵向双会制、平行双会制。单层董事会制度下，股东会选举产生执行董事和非执行董事并形成董事会，所有董事都享有平等的地位，董事会负责对管理层的选聘、监督、激励、业绩评价等工作；该模式下董事会拥有广泛的职责，不再单独设置监事会，这一模式主要存在于英美国家。纵向双会制，也称为双层董事会，在这种模式下，股东大会选举监事并组成监事会，监事会选聘并监督管理董事会，监事会处于公司治理结构的上层，主要职能是监督公司的管理层，相当于单层董事会制中的董事会，这种模式主要存在于德国、荷兰等欧洲国家。在平行双会制下，监管功能和管理功能分设，监事会和董事会成员均由股东选举产生，地位平等，谁也不能撤换谁。董事会主要执行管理功能，同时负有对经理层的监控职能，与董事会地位平行的监事会没有管理功能，只是执行对董事会和经理层进行监督的职能，中国大陆和台湾属于这种类型②。

现在董事会越来越多地采用委员会的形式来完成其使命。不同国家和地区也在各自的《证券法》《公司法》等相关法律中对董事会专门委员会的设置进行了规定，根据各国的实践经验，通常在董事会内部设置审计委员会、薪酬委员会、提名委员会。我国《上市公司治理准则》规定，上市公司董事会应当设立审计委员会，并可以根据需要设立战略、提名、薪酬与考核等相关专门委员会。审计委员会由三名董事组成，全部由独立、非执行董事构成，主要负责公司有关财务报表披露和内部控制过程的监督，在公司董事会内部对公司的信息披露、会计信息质量、内部审计及外部独立审计等方面，执行控制和监督的职能。薪酬委员会主要负责对公司高级管理人员的薪酬政策与体系设计提出建

① 剧锦文：《企业与公司治理理论研究》，中国经济出版社2018年版，第149—152页。
② 仲继银：《公司治理机制的起源与演进》，中国发展出版社2015年版，第13—15页。

议，具体审查一般管理人员的薪酬结构与水平，制定管理人员奖金、期权等激励方案，其主要职责就是通过设计合理的高管薪酬激励机制来减少高管人员的代理成本。提名委员会主要负责对公司董事和经理人员的资质和录用标准、遴选程序提出建议，对具体候选人提名和审议。在中国的上市公司中，有一个比较有趣的现象是通常会设置战略委员会，这在西方国家的公众公司中并不多见，剧锦文（2018）认为这也许是由于中国公司的董事会与其监督职能相比，更强调执行的职能；也许董事长本人的能力需要通过设立这样的委员会来得到弥补或加强。

除相关法律规定董事会必须成立的专业委员会外，董事会在其他委员会的成立方面具有很大的自主性和灵活性，可以根据需要设立。而董事会专业委员会的种类受到多种因素的影响，包括所有权与控制权分离的程度、公司治理制度的演化和路径依赖、产业属性、企业所处的生产周期、政治与法律制度、文化传统等因素，而且当发生重大偶尔事件时也会引出有关董事会新设专业委员会的讨论。例如，由于近年来世界各国特别是在法治比较健全的美国，先后曝出大公司造假的丑闻，许多国家开始关注公司的道德行为规范问题。证券监管当局呼吁公司遵循道德规范并予以披露，甚至有人认为应当在董事会内建立道德委员会或在董事会中指定专人负责检查道德规范履责情况。许多公司把道德规范或者公司行为视为防止滥用市场权利和那些太接近违法行为的一种方法，同时也作为决策过程中的道德指引①。

因此，鉴于公司治理在我国是舶来品，且早期受国有企业治理的影响较大，董事会结构的设置与英美等国家有所不同，且董事会专业委员会的设置也并非一成不变，尤其对一些特殊的行业。对文化企业而言，文化企业肩负引导社会价值观、培育大众健康价值观的责任，产品的教化功能是不容否认的。企业要生存，就必须拿出符合消费者需求的产品，而消费者的需求并不都是健康的、积极的、正面的。因此，一方面，文化企业不能为了短期经济利益而违背主流意识形态或社会核心价值观；另一方面，要积极主动地通过产品的开发、生产、销售去引领积极健康的社会价值观。因此，文化企业的董事会要担负起

---

① 剧锦文：《企业与公司治理理论研究》，中国经济出版社 2018 年版，第 160—165 页。

产品意识形态把控的职责，《指导意见》指出，明确把社会效益第一、社会价值优先的经营理念体现到企业章程和各项规章制度中……从事内容创作生产传播的文化企业，要建立和完善编辑委员会、艺术委员会等专门机构，强化总编辑等内容把关岗位的职责，对涉及内容导向问题的事项具有否决权。

对于编辑委员会、艺术委员会成员的选聘应有更高的要求，除了具有良好的政治素质外，同时必须有较强的专业性、前瞻性，思想意识要领先于时代，只有这样才能引领企业创作和传播吸引社会公众的作品，产生更好的社会效益。“取法其上，得乎其中；取法其中，得乎其下”，鉴于文化企业在社会效益贡献方面的重要作用，对文化企业董事会专业委员会成员的素质要求必须要高。

第五节　考核注重“双效统一”

如前所述，董事会是公司的经营决策和领导机关，指引公司前进的方向，而高管人员则负责公司具体的日常运营工作，因此，即使在西方也常有“弱股东，强高管”这样的说法，意味着高管人员在负责公司的资产运营时相对于股东处于强势。如何处理好董事会和高管人员的关系，就成为公司治理的一个大问题。董事会和高管人员的目标不一致，高管往往追求短期绩效，而董事会则会更多地考虑公司的长期发展[①]。因此，董事会就要采取合理的激励方式来促使高管人员考虑企业而不是个人的利益，考虑企业的长远利益而不是短期利益。因此，对高管人员的激励要综合采用多种激励方式相结合，如短期激励和长期激励相结合、累计激励和离散激励相结合、经济激励和非经济激励相结合。激励机制的关键是将风险与回报适当地结合起来。基本薪酬提供了稳定、有竞争力的待遇。在劳动力紧缺的市场上，这些福利能够吸引并留住人才。年度激励制度刺激了短期表现和行动，这推动了长期价值的创造。股权形式的长期激励制度鼓励员工将股东价值最大化。退休金、补充性高管退休计划和递延薪酬计划促进长期人才挽留、公司各层级的亲密关系和长期资金积累。遣散计划允许高管承担必要的风险，以此寻求股东价值最大化，即使它意味着破坏他们自己

① 李维安、郝臣：《公司治理手册》，清华大学出版社 2015 年版。

的工作。薪酬必须强调收入和风险、安全的要求，也强调积累资产的机会[①]。对此，古典经济学家穆勒早就指出：对于联合股份公司的经理或者私人企业的高层管理人员来说，将他们的经济利益与雇主的利益挂钩的办法通常是，以利润提成的方式向他们支付部分报酬。虽然给予雇用人员的个人利益无法与资本所有者所获得的利益相提并论，但这足以构成对于他们的物质上的刺激，他们的工作热情和认真态度与他们的聪明才智相结合，通常会使他们的工作质量远远超出大多数私人老板为自己工作时所能达到的水平[②]。

不同类型的薪酬对高管人员的激励约束作用不尽相同，不同的企业应根据自身状况和行业特征来进行合理的组合以达到最优的激励效果。西方发达国家的高管薪酬通常由三部分构成，包括年度薪酬（基本工资、年度奖金和其他年度薪酬）、长期报酬（限制性股票、股票期权）和其他薪酬。而在我国，企业高管人员的收入主要由年薪和股份收入两部分构成。年薪主要是基本工资以及和经营绩效挂钩的奖金；股份收入一般是先通过一定方式获得优先认股权，通过股票升值获得收益。无论是哪部分收入，实际上都是和企业的经济效益息息相关的。因此，企业经常采用一些经济指标的达成度来衡量高管人员的绩效。一些公司通常使用两种标准：一是财务指标，诸如每股盈利或自由现金流；二是以同类团体为指标的总股东回报标准。财务标准能使公司集中于内部目标和绩效，它不受股市涨跌的影响。同时，与同类团体的比较能够平衡内部标准。例如，它能反映出公司的财务标准是否太容易实现了。内部、外部及混合绩效标准如表 4-2 所示[③]。

① ［美］艾拉.T.凯、斯蒂文·范·普腾：《企业高管薪酬》，徐怀静、兰岚、李娜译，华夏出版社 2010 年版，第 5 页。

② ［英］约翰·斯图亚特·穆勒：《政治经济学原理》，金镝、金熠译，华夏出版社 2009 年版，第 106 页。

③ ［美］艾拉.T.凯、斯蒂文·范·普腾：《企业高管薪酬》，徐怀静、兰岚、李娜译，华夏出版社 2010 年版，第 107 页。

表 4-2 绩效衡量的可选方法

方法	描述	优缺点
内部目标	用长期绩效门槛、目标和最大绩效目标来衡量公司绩效	·能将长期激励计划与长期业务计划相联系 ·难以设定长期的衡量方式
同水平公司/指数比较	针对同水平公司绩效或一项指数的绩效情况衡量公司绩效	·避免了建立长期目标的难度 ·难以在周期内沟通绩效情况
内部/外部混合	结合了以上两种方式；独立或矩阵测量	·能对目标的设定进行检验和平衡 ·更复杂、更难处理

由表 4-2 可知，在评价高管人员的绩效并以此为依据实施高管激励政策时，通常都是以不同的经济效益作为标准，这对大多数行业来说有很大的科学性和适用性。然而，与大多数企业不同的是，文化企业兼具意识形态属性和商品属性双重属性，具有社会效益和经济效益两个效益。因此，文化企业的意识形态属性使得对其高管人员的绩效考核不能仅仅停留在经济效益上：对高管人员的考察不能搞唯“经济效益论”，不能单纯以资产规模、利润、营业收入等财务指标为考核对象，还要正确处理文化的意识形态属性与商品属性，将引导舆论方向、弘扬民族精神、宣传社会主义核心价值观等社会效益提高到重要的地位。

因此，文化企业高管薪酬激励机制的设置，要充分考虑文化企业自身的特殊性，国有文化企业还要考虑其作为国有企业的特殊地位，又要与当前文化发展趋势、行业整体发展水平、行业特点相结合，以确保薪酬机制确实能发挥有效的激励约束作用。这就进一步要求在高管考核指标中，要同时包括财务指标和非财务指标，非财务指标要充分体现社会效益优先原则。在对国有文化企业高管人员进行评价考核时，可以参照对国有文化企业考核的一些规定。

2015 年，中共中央办公厅和国务院办公厅联合出台《关于推动国有文化企业把社会效益放在首位、实现社会效益和经济效益相统一的指导意见》之后，相关部门先后出台了《新华书店社会效益考核评价办法》《国有文艺院团社会效益评价考核试行办法》《国有影视企业社会效益评价考核试行办法》等量化考核办法。2018 年 12 月 31 日，中共中央宣传部印发《图书出版单位社会效益评价考核试行办法》。相关文件都把维护意识形态安全和加强社会效益放在了首位和极其重要的地位。例如，《国有文艺院团社会效益评价考核试行办法》把“坚持正确方向”放在国有文艺院团社会效益评价考核原则的首位：国有文艺院团要加强党的领导和党的建设，始终把握正确的政治方向，坚定理想信念，全面贯彻“二为”方向和“双百”方针，坚持以人民为中心的创作导向，在深入生活、扎根人民中进行无愧于时代的文艺创造。国有文艺院团必须坚持正确的政治方向和工作导向，维护意识形态安全，凡在内容创作、表演形式、传播展示中有下列行为的国有文艺院团，年度社会效益评价考核实行“一票否决”制，评价考核结果直接评定为不合格：违反党的政治规矩和政治纪律；违反国家相关法律法规；在经营过程中出现重大安全事故；因严重失信行为被有关部门列入黑名单；在考核中有意谎报、造假、瞒报有关考核内容。《图书出版单位社会效益评价考核试行办法》指出，图书出版单位绩效考核为综合性考核，需兼顾社会效益和经济效益，并把社会效益放在首位，社会效益评价考核主要考核出版质量、文化和社会影响、产品结构和专业特色、内部制度和队伍建设等方面，社会效益评价考核的占比权重在 50% 以上。图书出版单位的出版物出现严重政治导向错误、社会影响恶劣的，社会效益评价考核实行“一票否决”制，年度考核结果定为不合格。从而从政策层面引导相关文化企业主动重视社会效益，并把社会效益放在首位，承担起文化单位的社会责任。正如叶圣陶先生总结开明书店的成功经验时所指出的：“……开明不光为赚钱。我们有所为有所不为：有所为，就是出书出刊物，一定要考虑如何有益于读者；有所不为，明知对读者没有好处甚至有害的东西，我们一定不出……我们决不为了追求经济效益而不顾社会效益，我们决不肯辜负读者。”①

国有文化企业的功能特殊性要求内部治理不能完全与竞争类国有企业一样。考核标准必须是特殊的，其中是否积极执行政治路线和原则最重要，在此基基础上追求经济利益。在进行指标考核时，重点考核社会效益指标，经济

① 叶圣陶：《关于“开明”》，《编辑学刊》1987 年第 4 期，第 50—51 页。

效益指标必须低于甚至大大低于竞争类国有企业。《图书出版单位社会效益评价考核试行办法》也指出，图书出版单位负责人薪酬与包括社会效益考核在内的综合绩效考核结果挂钩，职工工资总额的确定应同时考虑社会效益和经济效益的考核情况。电子工业出版社有限公司于2016年成为第一批图书出版单位、社会效益评价考核试点单位，通过多年探索和实践，结合自身优势和特点，细化了各项评价考核指标，逐步建立了企业内部的社会效益评价考核机制，在设计考核细则时，把出版质量设计为“重中之重”的指标，对图书出版部门的出版物出现严重政治导向错误、社会影响恶劣的，社会效益评价考核实行“一票否决”制，年度考核结果直接定为不合格；对于出现各类质量问题的出版物，都在《图书出版单位社会效益评价考核试行办法》规定的分数基础上按高限扣分。同时，对于“出版质量”指标的考核，除对部门进行评分之外，还会依据社内出版物处罚管理规定，对相应的责任人进行处罚。出版社负责人薪酬、职工工资总额和社会效益均与考核挂钩，评奖推优、出版资源配置、政策资金扶持也会因评价考核等级的不同而产生不同的结果[①]。

① 沈艳波：《把图书出版单位社会效益评价考核做实做细的探索与实践》，《出版发行研究》2020年第4期，第32—38页。

第五章

文化及相关产业上市公司的治理现状

文化及相关产业上市公司是文化产业各个细分行业中较为先进的企业，这种先进性不仅体现在企业的社会效益、经济效益、创新性和社会责任上，通常还体现在良好的公司治理水平上。因此，本章从股权治理、董事会治理、监事会治理、高管人员治理四个方面，收集整理了我国文化及相关产业上市公司治理[①]的一系列指标，以期尽可能全面地描述现阶段我国文化及相关产业上市公司的治理现状及存在的问题。

第一节 文化及相关产业上市公司的股权治理

现代公司企业制度的建立，使得所有权和经营权产生了两权分离。公司股东囿于时间、精力、专业能力等原因，无法亲自进行企业运营管理，就将资本委托给更有经营能力的董事会和高级管理人员来运营管理，于是便形成了公司的法人财产，股东拥有财产的最终所有权，但经营权却转移给了董事会和高级管理人员。Berle 和 Means（1932）最初提出公司治理问题时，发现在股权高度分散的背景下，由于高级管理人员掌控了企业的日常运营，对企业经营信息占有优势，而股东却处于信息劣势的地位，就会出现高级管理人员为了满足自身利益最大化而损害股东利益的做法或潜在的可能，为了更好地保护股东的利益，就需要进行相应的制度安排设计。因此，各个国家的法律法规都规定了股东大会（或股东会）的法律地位、职权、召集程序、议事规则等。后来，学者们发现，在公司治理的实践中，公司的股权结构并不是 Berle 和 Means 发现的那样分散，而是越来越集中。股权集中在少数大股东手中，大股东更容易控制董事会，就会出现大股东侵害小股东利益的行为，要治理这些行为，在股权治理中引入累计投票制、控股股东关联交易的控制、最终控制人链条的披露等方

① 需要说明的是，本书对文化及相关产业上市公司的数据统计截止的时间为2019年12月31日，在第三章237家上市公司的基础上剔除了两家ST公司——即ST毅昌和ST网力，2013年至2019年每年度的样本企业数量分别为：144家、157家、171家、202家、223家、224家、235家。另需补充说明的是，广州毅昌科技股份有限公司已于2021年3月22日撤销其他风险警示。

式。在我国，还有民营企业、省属国资控股、地市国资控股、央企国资控股、外资企业、集体企业等不同性质的股权结构。在文化企业中，不同性质的股权有不同的角色和作用，比如为了更好地引领企业的意识形态属性，在部分传媒企业中试行了特殊管理股。

一、股权性质

从股权性质看，文化及相关产业上市公司大多为非国有企业。2019 年以前上市企业中 76 家为国有或国有控股企业，占全部文化上市企业的 32.34%。所有制结构的比例基本符合上市企业的平均情况：沪深上市公司中有国有企业 1229 家，占全部上市公司的 30.07%。与其他行业相比，上市文化产业的国有企业比例较为适中，没有出现国企数量特别多、占比特别大的情况；从企业规模看，截至 2019 年末，235 家文化上市企业平均资产规模是 81.32 亿元，而 76 家国有上市文化企业的平均资产规模是 117.97 亿元，国有文化及相关产业上市公司的资产规模要远高于平均水平，也远高于其他所有制企业的平均资产规模。意味着国有文化企业是推动中国文化产业发展的重要力量，在社会文化发展中发挥着主导作用，且国有文化企业的经营规模和资产规模在持续、稳定地扩大。据财政部发布的《国有文化企业改革发展报告 2019》数据显示，截至 2018 年底，全国在注册的国有文化企业已有 1.7 万家，同比增长了 6.3%，其中从业人员已达 142.4 万名，这体现出国有文化企业对我国工作职位的较大贡献。同时，国有文化企业的资产总额已经增长至 5.3 万亿元，同比增长了 15.4%；其所有者权益总额则高达 2.5 万亿元，同比增长了 11.7%。同一年内，其营业总收入总计已经达到了 1.5 万亿元，同比增长了 0.1%，利润总额则达到了 1491.1 亿元，同比增长了 0.7%。国有文化企业在文化市场中占据了极其重要的地位，在传播社会文化、繁荣文化市场方面发挥了极其重要的作用，持续地推动了文化体制的改革与发展，也始终在向实现“双效统一”、探索文化产业全新的发展模式与路径、推动文化产业的转型与升级等重要方向不断迈进，取得了很好的成绩。

从细分行业分布来看，如表 5–1 所示，在 76 家国有文化及相关产业上市公司中，图书出版、有线广播电视传输服务、名胜风景区管理、互联网广告服务、影视节目制作行业国有企业较多，分别有 17 家、10 家、7 家、5 家、5 家。在这些行业中国有企业占据较大的比例，主要与文化事业单位的转企改制相关。自20世纪80年代初开始，文化部就明确提出要坚决地、有步骤地改革文化事业体制，改革经营管理制度。国有文化事业单位通过转企改制，组建文化企业集团，做大做强国有文化企业，是我国文化体制改革的一项极为重要的举措和目标。推动文化事业单位的改制，能够更好地激发改制后企业的活力，使其成为文化市场的主体。大部分图书出版上市公司、有线广播电视传输服务公司皆是央企国资控股公司或省属国资控股公司，这其中上市时间较早的又多是由文化事业单位转企改制而来。例如，上海新华传媒股份有限公司（简称新华传媒）是我国文化战线上的一支重要力量，是国内第一家实现上市的国有出版传媒类企业，也是2013年10月组建的上海报业集团旗下唯一上市公司和主要资本平台①；长江出版传媒股份有限公司（简称长江传媒）是由长江出版传媒集团组建。长江出版传媒集团成立于2004年，是湖北省属国有大型出版传媒文化产业集团，于2009年完成转企改制，成立集团公司，2011年底实现主业整体上市，组建长江出版传媒股份有限公司②。有线广播电视传输服务行业的上市企业或由各地方电视台改制后的企业包装上市或由地方政府直接组建企业集团经营。此外，还与强烈的意识形态属性直接相关，如图书出版业和有线广播电视传输服务业。

表5-1　2019年上市文化及相关产业国有企业的行业细分

行业	国企数量（家）	行业	国企数量（家）
包装装潢及其他印刷	1	其他出版业	1
电视	1	其他电信服务	1
电视机制造	3	其他广告服务	4
电影放映	2	其他游览景区管理	1
工程设计活动	1	其他智能消费设备制造	1
广播电视集成播控	1	图书出版	17

① 根据上海新华传媒股份有限公司网站资料“公司简介”部分整理，http://www.xhmedia.com/cn/page.jsp?topid=1。

② 根据湖北长江出版传媒集团有限公司网站资料“集团简介”部分整理，https://www.cjcb.com.cn/contents/155/31702.html。

续表

行业	国企数量(家)	行业	国企数量(家)
广播电视卫星传输服务	1	文化用信息化学品制造	1
互联网广告服务	5	乐器制造	1
互联网其他信息服务	2	应用软件开发	1
互联网游戏服务	2	影视节目制作	5
机制纸及纸板制造	2	有线广播电视传输服务	10
贸易代理	2	珠宝首饰及有关物品制造	2
名胜风景区管理	7	珠宝首饰零售	1

二、股权集中度

在股权集中度方面，如表5-2和图5-1所示，从2019年文化及相关产业上市公司股权集中度的数据来看，我国文化及相关产业上市公司股权并未出现高度分散的情况，除新闻业外，其他行业第一大股东平均持股均在10%以上，广播电视卫星传输服务、其他出版业、图书出版、电影放映、西乐器制造行业第一大股东平均持股均在50%以上；前十大股东平均持股均在30%以上，在49个细分行业中，仅有7个行业的前十大股东平均持股比例低于50%。较高的股权集中度有利于文化企业的稳定发展，从而有利于企业在资本投入、研发、创新、人才培养等方面的稳定性；但也有可能出现大股东侵害中小股东利益的情况。

表5-2　2019年文化及相关产业上市公司的股权集中度

行业	第一大股东平均持股(%)	前十大股东平均持股(%)	行业	第一大股东平均持股(%)	前十大股东平均持股(%)
广播电视卫星传输服务	79.73	90.54	机制纸及纸板制造	29.67	51.99
其他出版业	73.66	85.95	电视机制造	29.61	46.46
图书出版	57.34	74.36	其他娱乐业	29.48	62.33
电影放映	53.82	75.26	其他玩具制造	29.00	71.27

续表

行业	第一大股东平均持股（%）	前十大股东平均持股（%）	行业	第一大股东平均持股（%）	前十大股东平均持股（%）
西乐器制造	51.12	68.39	影视节目制作	28.75	57.50
其他智能消费设备制造	47.61	55.84	广播电视接收设备制造	28.27	50.50
音响设备制造	47.11	70.36	工艺美术颜料制造	28.00	63.42
娃娃玩具制造	42.69	65.28	科技会展服务	27.84	47.16
其他广告服务	42.35	61.21	贸易代理	27.56	44.11
文具制造	42.22	63.93	珠宝首饰及有关物品制造	26.33	54.98
广播电视集成播控	41.85	72.92	互联网广告服务	26.08	55.36
文化用信息化学品制造	40.53	55.43	应用电视设备及其他广播电视设备制造	25.77	41.40
影视录放设备制造	39.38	64.33	互联网游戏服务	24.89	53.88
工程设计活动	38.56	68.27	印刷专用设备制造	24.42	58.43
包装装潢及其他印刷	38.27	62.24	书、报刊印刷	24.22	59.02
珠宝首饰零售	37.46	66.26	其他游览景区管理	24.03	60.52
专业设计服务	35.80	62.68	其他会议、会展及相关服务	23.55	72.24
名胜风景区管理	35.69	59.78	其他电信服务	21.70	58.62
有线广播电视传输服务	33.86	52.61	露天游乐场所游乐设备制造	20.37	54.99
其他数字内容服务	33.62	70.90	动漫、游戏数字内容服务	17.65	40.50

续表

行业	第一大股东平均持股（%）	前十大股东平均持股（%）	行业	第一大股东平均持股（%）	前十大股东平均持股（%）
油墨及类似产品制造	32.97	58.17	数字出版	13.80	36.78
互联网其他信息服务	31.48	57.74	文艺创作与表演	13.41	56.90
应用软件开发	31.09	57.40	电视	12.16	60.80
电玩具制造	30.24	61.36	新闻业	8.20	35.49
互联网生活服务平台	30.12	55.60			

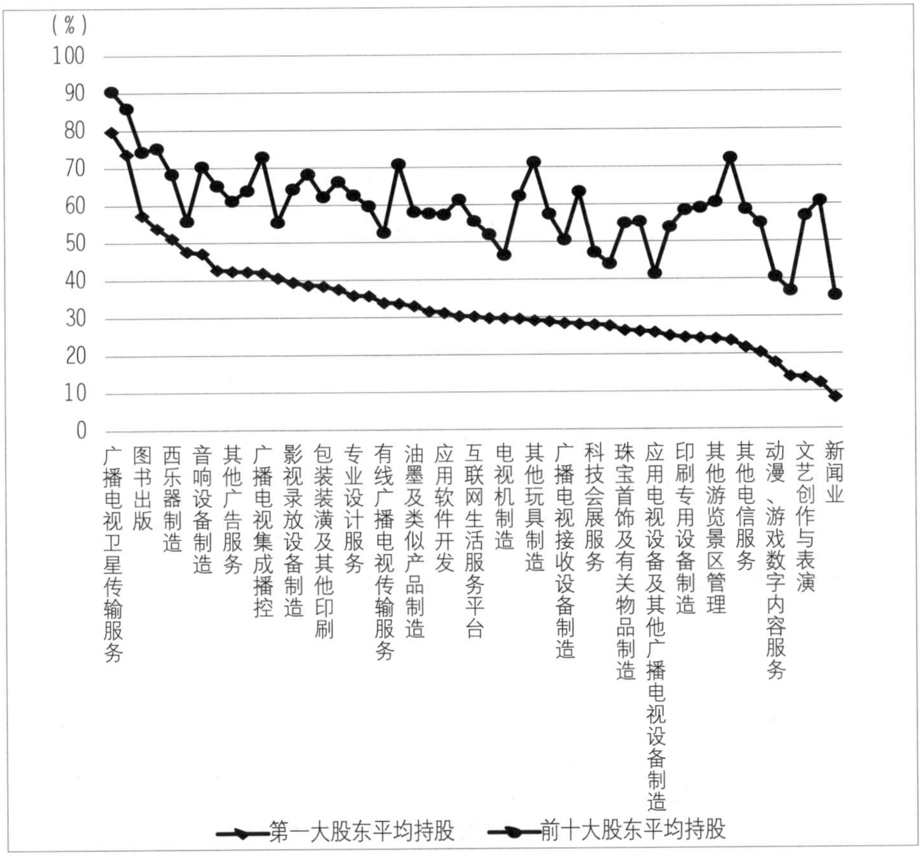

图 5-1　2019 年文化及相关产业上市公司的股权集中度

第二节 文化及相关产业上市公司的董事会治理

董事会是按照《公司法》设立的，由公司的全体董事组成的常设的经营决策和业务执行机关。董事会接受股东大会的委托，执行股东大会的决策，在公司的决策权力系统中是执行机构，但在执行决策系统内，董事会则是经营决策机构，高管人员是实际的执行机构。董事会处于公司决策系统和执行系统的交叉点，是公司运行的中心，作为公司的常设机构，代表股东执行公司业务，执行股东大会的决定，负责经营决策和日常经营管理活动，对外作为公司的代表。董事会治理就是为了有效发挥董事会的治理作用而进行的有关制度安排，包括董事会的规模设计、人员选聘、专业委员会的设立、多元化的设计等。本书在此统计整理了文化及相关产业类上市公司董事会的规模、董事长与总经理的两职设计、独立董事、董事会成员的性别多元化、董事会成员的学历结构、董事会的会议次数、专业委员会的设置、董事会成员的年龄结构等数据。

一、董事会的规模

董事会的规模是指董事会的总人数，各国法律法规都对董事会的规模进行了规定，如一般要求董事会的人数为单数，且总人数在一定范围区间之内。我国《公司法》第四十四条规定："有限责任公司设董事会，其成员为三人至十三人……"第五十条规定："股东人数较少或者规模较小的有限责任公司，可以设一名执行董事，不设董事会。执行董事可以兼任公司经理……"第一百零八条规定："股份有限公司设董事会，其成员为五人至十九人……"对于上市公司，《上市公司治理准则》第二十五条规定："董事会的人数及人员构成应当符合法律法规的要求，专业结构合理。董事会成员应当具备履行职责所必需的知识、技能和素质。鼓励董事会成员的多元化。"

截至2019年底，235家文化及相关产业上市公司都按照《公司法》和《上市公司治理准则》的规定，设立了董事会。表5-3和图5-2列示了2013—2019年文化及相关产业上市公司的董事会人数，由此可知，文化及相关产业上市公司董事会规模平均为10.12人，符合相关法律法规的规定，年度平均规模的差别并不大。从公司个体来看，董事会的规模差别还是较大的，规模最大的董事会有 15 名董事，而规模最小的只有 5 人[①]；在不同所有制企业中，董事会规模的差异较大，国有文化及相关产业上市公司的董事会规模普遍较大，平均为 11.46 人，各年度平均分别为 10.96 人、11.18 人、11.61 人、12.58 人、11.15 人、10.97 人、11.79 人；而非国有文化及相关产业上市公司的董事会规模普遍较小，平均为 9.48 人，各年度平均分别为 9.39 人、9.58 人、9.86 人、9.62 人、9.26 人、9.43 人、9.19 人。这与国有文化及相关产业上市公司规模、所处的行业有很大的相关性，此外党委委员参与董事会治理也是重要的原因之一。

表 5-3　2013—2019 年文化及相关产业上市公司的董事会规模

单位：人

年份	总样本	国有企业	非国有企业
2013	9.96	10.96	9.39
2014	10.14	11.18	9.58
2015	10.46	11.61	9.86
2016	10.56	12.58	9.62
2017	9.82	11.15	9.26
2018	9.90	10.97	9.43
2019	10.00	11.79	9.19
平均	10.12	11.46	9.48

① 从国泰安数据库直接导出的董事人数的数据显示，截至 2019 年 12 月 31 日，文化及相关产业上市公司中董事会规模最大的为 25 人，为此，作者查阅了该公司年报，发现是因为该公司在报告期内有多位董事换届，公司在财务报告中都进行了披露。但在报告期内实际上并没有这么多董事同时在岗，因此，我们只统计到报告期末实际在岗的董事数量。

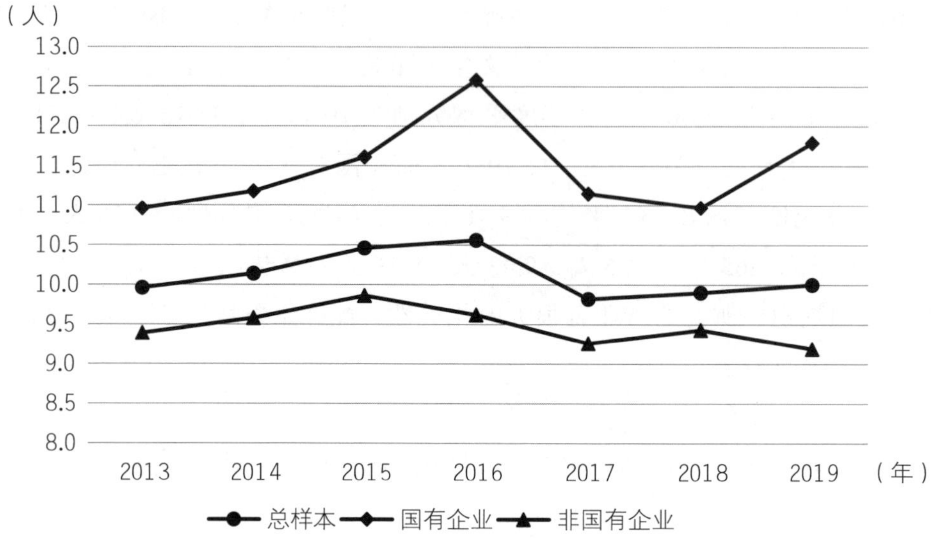

图 5-2　2013—2019 年文化及相关产业上市公司的董事会规模图

二、董事长与总经理的两职设计

董事会受股东大会委托，执行股东大会决议，通常需要设立董事长，一般公司在董事会中设董事长 1 人，副董事长 1~2 人。董事长是公司的法定代表人①，对外代表公司，以公司的名义负责行使公司的民事权利并承担民事义务。总经理是董事会聘任的，对董事会负责，在董事会的授权下，执行董事会的战略决策，实现董事会制定的企业经营目标。并通过组建必要的职能部门，组聘管理人员，形成一个以总经理为中心的组织、管理、领导体系，实施对公司的有效管理。总经理的主要职责是负责公司日常业务的经营管理，经董事会授权，处理企业的各项日常运营；定期向董事会报告业务情况，向董事会提交年度报告及各种报表、计划、方案，包括经营计划、利润分配方案、弥补亏损方案等。也就是说，董事长是委托方董事会的代表，也是股东利益的代表，而总经理是受托方经理层的代表，是经营者利益的代表。双方代表着不同的利益方，对于两职的设计有两种不同的观点，董事会的重要职责之一是监督总经理

---

① 《公司法》第十三条规定，公司法定代表人依照公司章程的规定，由董事长、执行董事或者经理担任，并依法登记。

领导的管理层，因此，董事长与总经理应由不同的人员担任，否则会影响董事会的独立性，也无法对董事长（总经理）进行很好的监督；另一种观点认为，董事长与总经理两职合一，权力相对集中，有利于董事会与经理层的沟通联系，提高经理层对企业的责任感，缓解董事长与总经理权力的争夺和矛盾的缓和。从我国上市公司的实践来看，大部分上市公司选择了两职分离。

表 5-4 列示了 2013—2019 年文化及相关产业上市公司董事长与总经理两职合一情况。2013—2019 年我国文化及相关产业上市公司中，董事长与总经理两职由一人担任的公司分别有 55 家、61 家、60 家、61 家、67 家、76 家、87 家，占文化及相关产业上市公司的比重分别为 38.19%、38.85%、35.09%、30.20%、30.04%、33.93%、33.02%，平均为 34.19%。两职合一的现象在国有企业和非国有企业间的差异十分显著。2013—2019 年，在国有企业中，分别仅有 5 家、9 家、6 家、6 家、3 家、6 家、8 家，占比分别为 3.47%、5.73%、3.51%、2.97%、1.35%、2.68%、3.40%，平均仅有 3.30% 的国有上市公司董事长与总经理由一人兼任；非国有企业有 50 家、52 家、54 家、55 家、64 家、70 家、79 家，占比分别为 34.72%、33.12%、31.58%、27.23%、28.70%、31.25%、33.62%，平均高达 31.46%。在国有文化企业中，党委委员要交叉进入董事会，从我们翻阅上市公司年报获取的资料看，在很多国有上市公司中，党委委员（党支部书记）与董事长“两职合一”，因此，基本不再担任总经理；而在非国有企业中，尤其是在一些规模相对小的企业中，董事长与总经理两职合一的做法比较常见。

表 5-4　2013—2019 年文化及相关产业上市公司董事长与总经理两职合一的情况

年份	总样本	总样本		国有企业样本		非国有企业样本	
		数量（家）	占比（%）	数量（家）	占比（%）	数量（家）	占比（%）
2013	144	55	38.19	5	3.47	50	34.72
2014	157	61	38.85	9	5.73	52	33.12
2015	171	60	35.09	6	3.51	54	31.58

续表

年份	总样本	总样本		国有企业样本		非国有企业样本	
		数量(家)	占比(%)	数量(家)	占比(%)	数量(家)	占比(%)
2016	202	61	30.20	6	2.97	55	27.23
2017	223	67	30.04	3	1.35	64	28.70
2018	224	76	33.93	6	2.68	70	31.25
2019	235	87	33.02	8	3.40	79	33.62
平均	—	—	34.19	—	3.30	—	31.46

说明:“数量”是指董事长与总经理两职合一的公司数量,“占比”是指两职合一公司的数量在相应年度文化及相关产业上市公司中所占的比例。

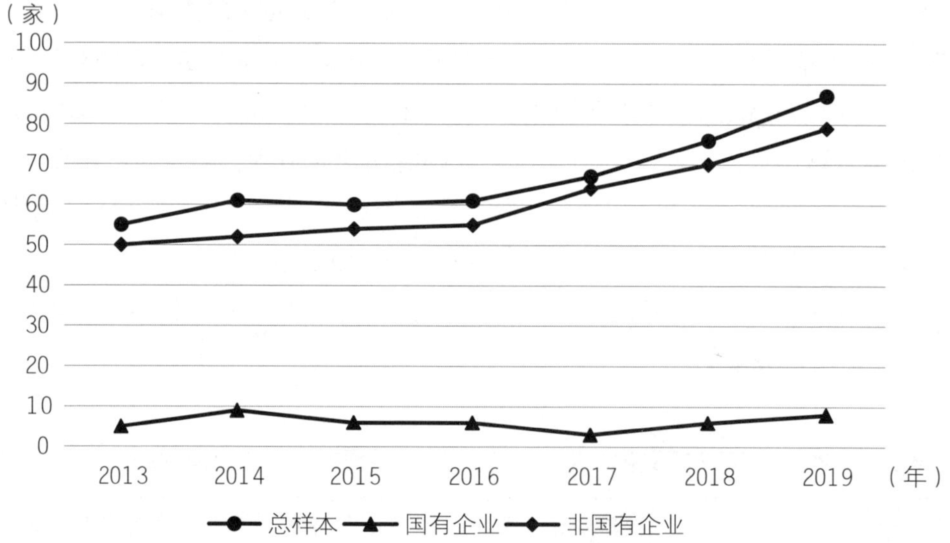

图 5-3　2013—2019 年文化及相关产业上市公司董事长与总经理两职合一的趋势图

三、独立董事

按照中国证监会 2001 年发布的《关于在上市公司建立独立董事制度的指导意见》(以下简称《指导意见》)的界定,上市公司独立董事是指不在公司担任除董事外的其他职务，并与其所受聘的上市公司及其主要股东不存在可能妨碍其进行独立客观判断的关系的董事。各境内上市公司应当按照《指导意见》的要求修改公司章程，聘任适当人员担任独立董事，其中至少包括 1 名会计专业人士。在 2002 年 6 月 30 日前，董事会成员中应当至少包括 2 名独立董事；在 2003 年 6 月 30 日前，上市公司董事会成员中应当至少包括 1/3 独立董事。经过近 20 年的建设，我国上市公司独立董事制度取得了良好的成就。所有上市公司都按照规定聘请了独立董事。从表 5-5 和图 5-4 可以看出，2013—2019 年 235 家文化及相关产业上市公司的独立董事占董事会人数的比重分别为 38.85%、38.78%、38.62%、34.83%、36.76%、36.08%、35.06%，平均人数分别为 3.60 人、3.62 人、3.61 人、3.68 人、3.61 人、3.57 人、3.51 人，均超过 3 人。但独立董事的人数在不同规模的企业间差别较大，最多的独立董事人数有 5 人，最少的只有 2 人；在不同所有制企业中也有较大差别，国有企业中独立董事人数较多，但比例相对要低，2013—2019 年文化及相关产业国有上市公司的独立董事平均人数分别为 4 人、3.93 人、3.96 人、3.98 人、3.83 人、3.72 人、3.96 人，占董事会人数的比例分别为 37.50%、37.60%、37.30%、37.31%、36.88%、37.21%、36.92%；而在非国有企业中，独立董事平均人数相对较少，分别为 3.38 人、3.45 人、3.44 人、3.54 人、3.52 人、3.51 人、3.30 人，但占董事会人数比例却较高，分别为 39.61%、39.41%、39.29%、40.04%、40.31%、40.06%、39.21%。这与不同所有制企业的规模、董事会的规模大小直接相关。

表 5-5　2013—2019 年文化及相关产业上市公司独立董事的数量、比例

年份	总样本		国有企业样本		非国有企业样本	
	数量（人）	比例（%）	数量（人）	比例（%）	数量（人）	比例（%）
2013	3.60	38.85	4.00	37.50	3.38	39.61
2014	3.62	38.78	3.93	37.60	3.45	39.41
2015	3.61	38.62	3.96	37.30	3.44	39.29
2016	3.68	34.83	3.98	37.31	3.54	40.04

续表

年份	总样本		国有企业样本		非国有企业样本	
	数量（人）	比例（%）	数量（人）	比例（%）	数量（人）	比例（%）
2017	3.61	36.76	3.83	36.88	3.52	40.31
2018	3.57	36.08	3.72	37.21	3.51	40.06
2019	3.51	35.06	3.96	36.92	3.30	39.21
平均	3.60	37.00	3.91	37.25	3.45	39.70

说明："数量"是指独立董事的人数，"比例"是指独立董事在董事会中所占的比例。

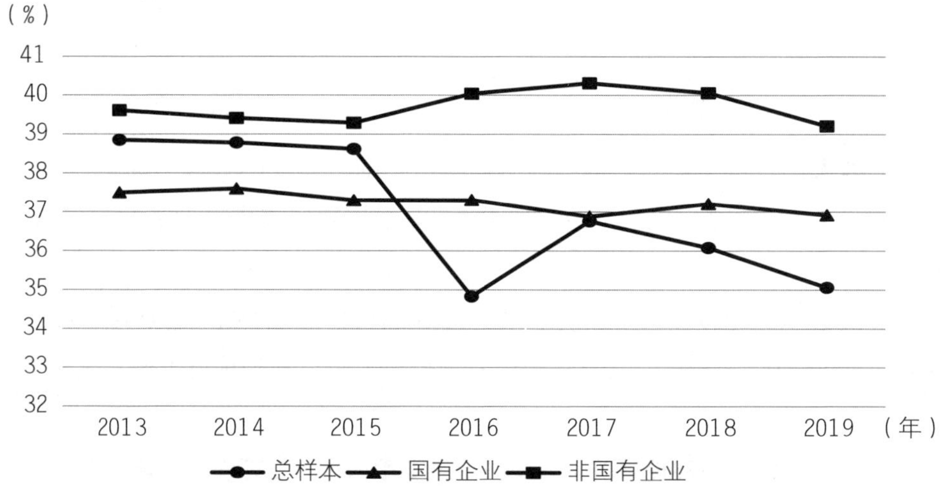

图 5-4　2013—2019 年文化及相关产业上市公司独立董事的比例

四、董事会成员的性别多元化

美国平等雇佣机会委员会（EEOC）认为多元化包括雇员在性别、年龄、种族、宗教信仰以及国籍方面的不同，但这个定义过于狭窄，后来的研究人员认为多元化还应包括个人身体能力、品质、视角、背景等任何与他人不同的特征。多元化的成员在企业管理中具有极其重要的作用。在董事会多元化的构成中，性别多元化是其极为重要的组成。世界最大的养老金公司——美国全美教师保险及年金协会（TIAA-CREF）[①] 认为董事会必须由合格的人员构成，他们必须代表不同的经验、性别、种族及年龄，董事会的多元化是 TIAA-CREF 决定是否投资的一个关键标准，他们认为多元化的董事会更有利于提高公司的治理水平[②]。与男性相比，女性在语言、社交、思维、耐力等方面具有较强的优势，在强调人性化管理的现代企业中逐渐成为企业亟须的领导特质。同时，女性领导特质的发挥也是女性在职场中走向成功的关键，可以为自身开创更大的舞台，有学者指出“女性特质的散发并不会妨碍她们的事业前途，‘以柔制刚’反而胜算更大”。因此，在公司治理中，与男性董事相比，女性董事可以通过发挥自身的领导特质为企业发展战略和公司治理提供新思想、新风格、新视角，帮助企业纠正由于缺乏异质性所导致的信息偏误，从而提高董事会的运作效率[③]。

如表 5-6 和图 5-5 所示，2013—2019 年，我国文化及相关产业上市公司女性董事的数量平均为 1.89 人，在董事会中所占比例为 16.05%；各年度分别为 1.83 人、1.87 人、1.96 人、1.89 人、1.87 人、1.85 人、1.98 人，在董事会中所占的比例分别为 15.21%、16.04%、15.47%、15.60%、16.16%、16.78%、17.06%。由此可见，董事会成员中大部分仍是男性，且女性董事的数量和比例都没有规律性增长的趋势，截至 2019 年底，共有 11 家文化及相关产业上市公司的董事长性别为女，女性成员仍是董事会中的“弱势群体”。无论从数量上还是比例上来看，非国有企业中的女性董事都要多于国有企业[④]。国有企业女性董事的数量平均为 1.76 人，在董事会中所占的比例为 13.22%，各年度分别为 1.45 人、1.62 人、1.74 人、1.87 人、1.82 人、1.84 人、2.00 人，在董事会中所占的比例分别为 10.62%、12.10%、12.50%、13.73%、13.68%、14.86%、15.06%；同期非国有企业女性董事的数量平均为 1.96 人，在董事会中所占的比例为 17.45%，各年度分别为 2.03 人、1.99 人、2.06 人、1.90 人、1.89 人、1.85 人、1.98 人，在董事会中所占的比例分别为 17.80%、18.16%、16.96%、

① Teachers Insurance and Annuity Association-College Retirement Equities Fund，简称 TIAA-CREF.

② TIAA-CREF. "Policy Statement on Corporate Governance". 1997.

③ 时可、张娜：《推动女性董事发展的探讨》，《中国国情国力》2011 年第 7 期，第 41—44 页。

④ 2019 年例外，该年度国有企业中女性董事平均人数为 2.00 人，高于非国有企业的 1.95 人。

16.47%、17.20%、17.62%、17.96%。

表 5-6 2013—2019 年文化及相关产业上市公司女性董事的数量与比例

年份	总样本		国有企业样本		非国有企业样本	
	数量(人)	比例(%)	数量(人)	比例(%)	数量(人)	比例(%)
2013	1.83	15.21	1.45	10.62	2.03	17.80
2014	1.87	16.04	1.62	12.10	1.99	18.16
2015	1.96	15.47	1.74	12.50	2.06	16.96
2016	1.89	15.60	1.87	13.73	1.90	16.47
2017	1.87	16.16	1.82	13.68	1.89	17.20
2018	1.85	16.78	1.84	14.86	1.85	17.62
2019	1.98	17.06	2.00	15.06	1.98	17.96
平均	1.89	16.05	1.76	13.22	1.96	17.45

说明："数量"是指女性董事的平均人数，"比例"是指女性董事在董事会中所占的比例。

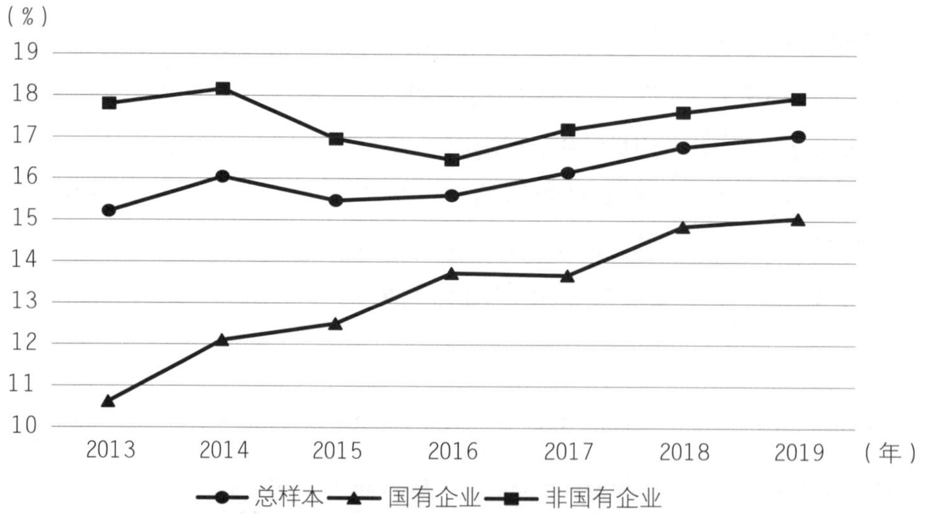

图 5-5 2013—2019 年文化及相关产业上市公司女性董事的比例

五、董事会成员的学历结构

董事会成员的学历结构代表了董事会成员的平均教育水平。教育水平通过影响董事的决策和管理行为，作用于企业绩效。Ballot etal.（2001）提到，基于 Schumpeter 假设基础上的演化经济学派，意识到组织内部工人之间认知能力的相互作用，并将其提炼成为诸如经济能力（Economic Competence）或吸收能力（Absorptive Capacity）等概念，这些概念有助于解释企业之间的绩效差异①。演化理论认为，人力资本还能产生动态效应，即较高的人力资本不仅能够产生较高的生产率，而且能够促进生产率的持续增长。这就意味着，较高教育水平的人拥有较高的人力资本水平和智力劳动能力，也使人很容易联想到较高的劳动生产率和企业绩效。

如表 5-7 和图 5-6 所示，2013—2019 年，我国文化及相关产业上市公司董事会中拥有研究生学历的成员占董事会的比重平均为 40.82%，各年度平均分别为 34.49%、37.05%、39.42%、41.35%、42.73%、44.76%、45.94%，这一比例有逐年增长的趋势。在非国有文化及相关产业上市公司中，研究生人数占董事会的比重相对较高，平均为 41.51%，各年度分别为 34.80%、36.99%、40.59%、42.47%、43.40%、45.63%、46.67%；国有文化及相关产业上市公司中这一比重平均为 39.27%，各年度分别为 33.95%、37.16%、37.08%、38.54%、41.13%、42.76%、44.30%。

表 5-7　2013—2019 年文化及相关产业上市公司董事会成员的学历结构

年份	本科及以下学历人数占董事会比重（%）			研究生学历人数占董事会比重(%)		
	总样本	国有企业	非国有企业	总样本	国有企业	非国有企业
2013	65.51	66.05	65.20	34.49	33.95	34.80
2014	62.95	62.84	63.01	37.05	37.16	36.99
2015	60.58	62.92	59.41	39.42	37.08	40.59

① Ballot,G.,Fakhfakh,F., Taymaz,E.,"Firms' Human Capital,R&D and Perfpormance: A Study on French and Swedish Firms",*Labour Economics*,2001(4):443-462.

续表

年份	本科及以下学历人数占董事会比重（%）			研究生学历人数占董事会比重(%)		
	总样本	国有企业	非国有企业	总样本	国有企业	非国有企业
2016	58.65	61.45	57.53	41.35	38.54	42.47
2017	57.27	58.87	56.60	42.73	41.13	43.40
2018	55.24	57.24	54.37	44.76	42.76	45.63
2019	54.06	55.70	53.33	45.94	44.30	46.67
平均	59.18	60.73	58.49	40.82	39.27	41.51

说明：研究生包括硕士研究生、博士研究生。国泰安数据库把学历分成了7类，1=中专及以下，2=大专，3=本科，4=硕士研究生，5=博士研究生，6=其他（以其他形式公布的学历，如荣誉博士、函授等），7=MBA/EMBA。本书在统计的时候，根据研究的需要把第6类“其他”归入本科及以下学历，把第7类“MBA/EMBA”归入研究生学历中。后文对监事会成员以及高管人员学历结构的分析也遵循这一做法。

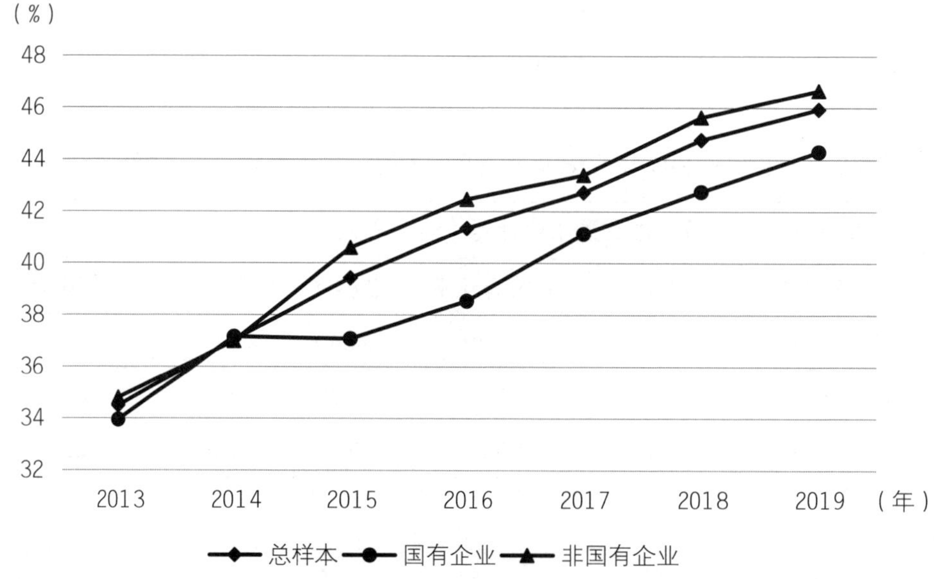

图 5-6　2013—2019 年文化及相关产业上市公司董事会的硕士及以上学历人数比例图

六、董事会的会议次数

董事会通过召开会议的形式研究决策公司重大事项和紧急事项。《上市公司治理准则》第二十九条和第三十条分别规定，“上市公司应当制定董事会议事规则，报股东大会批准，并列入公司章程或者作为章程附件”“董事会应当定期召开会议，并根据需要及时召开临时会议。董事会会议议题应当事先拟定”。表5-8和图5-7显示，2013—2019年文化及相关产业上市公司董事会会议次数平均为10.39次，其中国有企业平均9.85次，低于非国有企业平均的10.64次；从年度的会议次数来看，非国有企业的平均会议次数也高于国有企业的平均会议次数，非国有企业的董事会平均会议次数分别为9.12次、9.86次、11.53次、11.79次、11.20次、10.93次、10.04次，国有企业的董事会平均会议次数分别为9.67次、9.75次、9.79次、10.50次、9.83次、9.85次、9.58次。

表5-8　2013—2019年文化及相关产业上市公司董事会的会议次数

单位：次

年份	总样本平均会议次数	国有企业平均会议次数	非国有企业平均会议次数
2013	9.32	9.67	9.12
2014	9.82	9.75	9.86
2015	10.95	9.79	11.53
2016	11.38	10.50	11.79
2017	10.79	9.83	11.20
2018	10.60	9.85	10.93
2019	9.90	9.58	10.04
平均	10.39	9.85	10.64

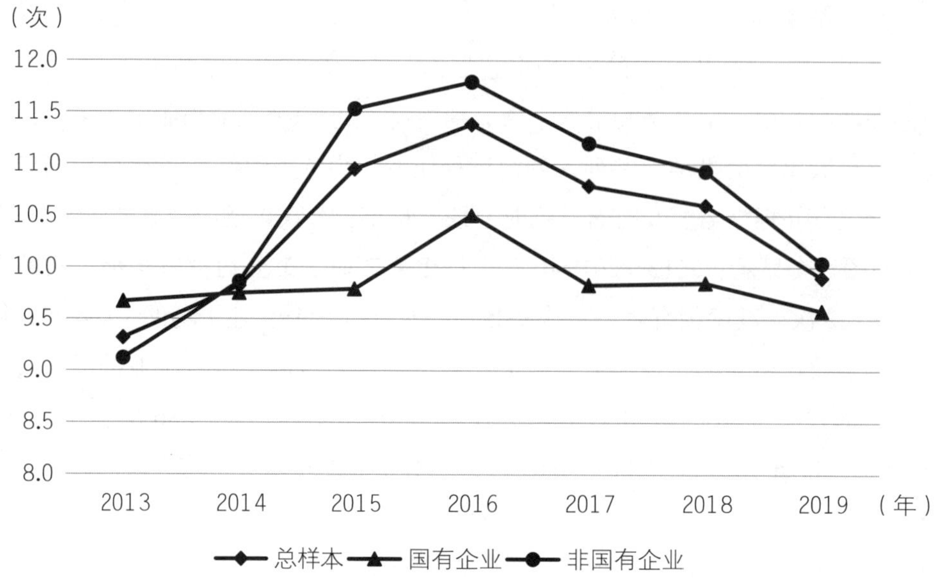

图 5-7 2013—2019 年文化及相关产业上市公司董事会的会议次数

七、专业委员会的设置

2013—2019 年，所有的文化及相关产业上市公司都按照相关法律法规的规定在董事会中设置了专业委员会，大部分都设置了审计委员会、薪酬委员会、提名委员会、战略与规划委员会 4 个专业委员会，也有极少数的公司设置了更多的专业委员会。2013—2019 年分别有 3 家、6 家、7 家、9 家、12 家、14 家、14 家公司设置 5 个专业委员会。除以上 4 个专业委员会外，还有信息披露委员会、风险控制委员会、投资及审查委员会、编辑（政策）委员会、节目编委会、关联交易控制（管理委）委员会、预算委员会等。如表 5-9 所示，截至 2019 年底，只有 6 家国有上市公司按照《关于推动国有文化企业把社会效益放在首位、实现社会效益和经济效益相统一的指导意见》设置了编辑委员会或艺术委员会等内容专业委员会。

① 国泰安数据库中的统计数据显示歌华有线董事会设置了 5 个专业委员会，我们从巨潮资讯下载了 2017—2019 年度的财务报告，报告中也只是说明董事会设置了 5 个专业委员会，并未披露专业委员会的详细信息。

表 5-9　2019 年文化及相关产业上市公司董事会设置 5 个专业委员会的公司

证券代码	公司名称	所有权性质	第 5 个专业委员会
002181	粤传媒	国有企业	风险控制委员会
002191	劲嘉股份	非国有企业	信息披露委员会
000430	张家界	国有企业	风险控制委员会
000529	广弘控股	国有企业	投资审查委员会
000607	华媒控股	国有企业	关联交易控制委员会
000719	中原传媒	国有企业	关联交易管理委员会
600037	歌华有线①	国有企业	—
600551	时代出版	国有企业	编辑委员会
600629	华建集团	国有企业	预算委员会
601098	中南传媒	国有企业	编辑委员会
601858	中国科传	国有企业	编辑委员会
603000	人民网	国有企业	编辑政策委员会
603721	中广天择	国有企业	节目编委会
603888	新华网	国有企业	编辑政策委员会

说明：第 5 个专业委员会是指除审计委员会、薪酬委员会、提名委员会、战略与规划委员会外的委员会。

八、董事会成员的年龄结构

如表 5-10 所示，从总体来看，2013—2019 年文化及相关产业上市公司董事会成员中，低于 40 岁和高于 60 岁的成员相对较少，分别为 11.62% 和 12.03%。其中，低于 40 岁的成员所占比例在不同所有制企业中的差别较大，在国有企业和非国有企业中分别为 6.45% 和 14.42%；高于 60 岁的成员所占比例在不同所有制企业中的差别不大，分别为 12.44% 和 11.73%。

董事会成员大部分集中在 41~50 岁、51~60 岁两个年龄段，从总体上来看，这两个年龄段的董事比例差别并不是特别大，分别为 39.18% 和 37.28%，2013—2019 年各年度的差别也不显著。但在不同所有制企业中，这两个年龄段董事会成员的比例差别却较大。在 41~50 岁的区间内，董事会成员所占比例总体平均为 39.29%，在国有企业和非国有企业中分别为 39.92% 和 41.28%，国有企业董事会成员在这一年龄段中所占的比重远远低于非国有企业；在 51~60 岁的区间内，董事会成员所占比例总体平均为 37.06%，在国有企业和非国有企业中分别为 42.84% 和 32.31%，国有企业董事会成员在这一年龄段中所占的比重大大高于非国有企业。

从不同年龄区间董事会成员在总样本以及国有企业和非国有企业样本的分布可以看出，董事会皆由不同年龄段的成员组成，既有年富力强、具有勇于创新和变革精神的年轻董事，也有生活经验、工作阅历、社会资本极为丰富的年长董事。但不同年龄段董事的分布在非国有企业和国有企业中有较显著的差别，这与不同所有制体系中人员的选拔、晋升体制相关，非国有企业的用人机制更为灵活，而在国有企业中，资历仍起着重要作用。

表 5-10　2013—2019 年文化及相关产业上市公司董事会成员的年龄结构

年份	≤ 40 岁（%）			41~50 岁（%）			51~60 岁（%）			>60 岁（%）		
	总样本	国有企业	非国有企业	总样本	国有企业	非国有企业	总样本	国有企业	非国有企业	总样本	国有企业	非国有企业
2013	12.35	12.50	15.72	40.95	75.00	41.09	34.23	12.50	30.07	12.47	0	13.12
2014	11.33	5.98	14.22	39.72	35.99	41.73	36.16	46.10	30.80	12.79	11.93	13.25
2015	11.77	5.17	15.07	38.45	32.80	41.27	37.60	48.89	31.96	12.18	13.14	11.70
2016	11.49	4.78	14.59	40.25	33.34	43.45	36.49	49.17	30.62	11.77	12.71	11.34
2017	11.67	4.80	14.55	39.43	33.49	41.93	37.37	49.26	32.37	11.53	12.45	11.15
2018	11.74	5.77	14.33	38.59	34.17	40.51	38.04	47.39	33.97	11.63	12.67	11.19
2019	11.01	6.12	13.20	37.66	34.67	39.01	39.54	46.60	36.36	11.79	12.61	11.43
平均	11.62	6.45	14.53	39.29	39.92	41.28	37.06	42.84	32.31	12.03	10.79	11.88

说明：国泰安数据库在对董事会成员年龄统计时，分为小于 30 岁、31~40 岁、41~50 岁、51~60 岁、大于 60 岁，在对数据初步整理统计的过程中发现，小于 30 岁的董事会成员所占比例很小，不到 0.5%，国有企业只有 0.01%，非国有企业为 0.6%。因此，我们未单独统计小于 30 岁的董事会成员比例，而是并入小于 40 岁的统计中。

第三节 文化及相关产业上市公司的监事会治理

我国《公司法》规定设立监事会作为公司专门的监督机关，与董事会平行，共同向股东大会负责并报告工作。这在立法方式上接近日本，而在监事会人员的构成方面，即要求监事会由股东代表和公司职工代表组成，又与德国类似。股东出资建立公司，将公司委托给董事会进行经营管理，董事会再委托高层管理人员负责企业内部的日常运营。资产的委托不可避免地带来了对代理人的监督问题。为保障股东的权益，防止董事会和高管人员滥用职权侵害股东利益，需要设立专门的监督机构——监事会。监事会是公司内部的监察机构，负责检查、监督公司经营管理活动，直接对股东大会负责，与董事会具有平行的法律地位。监事会治理是指在一定的市场与企业环境下，关于监事会结构（如监事会内部各委员会的设置，来自不同利益相关者的人员安排）、权力与责任配置以及行为方式的一系列制度安排，包括监事会规模的确定，监事会中股东监事、职工监事和外部监事的比例安排，监事的选拔，监事的激励与约束，监事会召开会议次数的规定等，目的是实现公司的正常和有序运转①。本书整理了235家文化及相关产业上市公司监事会的规模、性别多元化、成员学历结构、监事会会议次数、成员年龄结构等信息。

一、监事会的规模

《公司法》规定股份有限公司或有限责任公司设监事会，其成员不得少于3人。股东人数较少或者规模较小的有限责任公司，可以设1~2名监事，不设监事会。监事会应当包括股东代表和适当比例的公司职工代表，其中职工代表的比例不得低于1/3，具体比例由公司章程规定。监事会中的职工代表由公司职工通过职工代表大会、职工大会或者其他形式民主选举产生。国有独资公司监事会成员不得少于5人，其中职工代表的比例不得低于1/3，具体比例由公司章程规定。监事会成员由国有资产监督管理机构委派，但是，监事会成员中的职工代表由公司职工代表大会选举产生。监事会主席由国有资产监督管理机构从监事会成员中指定。

① 李维安、郝臣：《公司治理手册》，清华大学出版社2015年版，第213页。

如表 5-11 和图 5-8 所示，2013—2019 年，我国文化及相关产业上市公司监事会人数平均有 4.17 人，各年度分别为：4.01 人、4.01 人、4.27 人、4.38 人、4.19 人、4.17 人、4.18 人。监事会的规模在不同所有制企业间有较大的差别，国有企业人数普遍较多，平均为 4.89 人且皆超过 4 人，各年度分别为 4.38 人、4.56 人、4.96 人、5.33 人、4.88 人、4.93 人、5.18 人；而非国有企业监事会人数相对较少，平均为 3.84 人，皆未超过 4 人，各年度分别为 3.79 人、3.72 人、3.92 人、3.94 人、3.90 人、3.85 人、3.73 人。不同所有制文化及相关产业上市公司中监事会的规模存在较大差别，与《公司法》对国有独资公司监事会规模的规定、文化企业自身的规模大小相关。

表 5-11　2013—2019 年文化及相关产业上市公司监事会的人数

单位：人

年份	总样本平均人数	国有企业平均人数	非国有企业平均人数
2013	4.01	4.38	3.79
2014	4.01	4.56	3.72
2015	4.27	4.96	3.92
2016	4.38	5.33	3.94
2017	4.19	4.88	3.90
2018	4.17	4.93	3.85
2019	4.18	5.18	3.73
平均	4.17	4.89	3.84

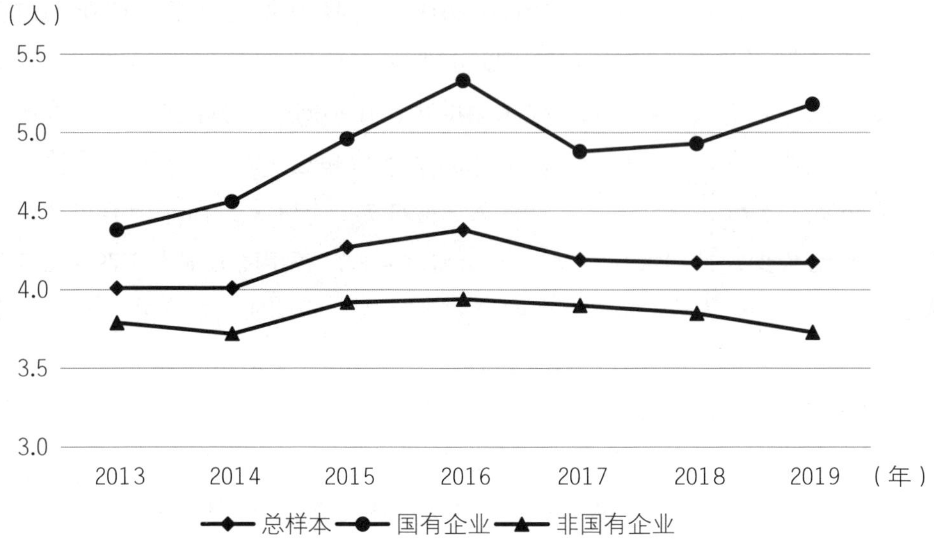

图 5-8 2013—2019 年文化及相关产业上市公司监事会的人数

二、监事会成员的性别多元化

如表 5-12 和图 5-9 所示，2013—2019 年，我国文化及相关产业上市公司女性监事的数量平均为 1.83 人，各年度分别为 1.79 人、1.84 人、1.84 人、1.90 人、1.82 人、1.82 人、1.83 人，在监事会中所占的比重平均为 36.25%，各年度分别为 33.66%、35.25%、33.93%、34.49%、36.60%、38.08%、39.61%。由此可见，监事会成员中大部分仍是男性，但女性监事的比例有逐年增长的趋势。从平均数量来看，不同所有制企业中女性监事的人数差别不大，但从比例来看，非国有文化及相关产业上市公司中女性成员在监事会中所占的比重较高，平均为 37.77%，各年度分别为 34.71%、36.35%、35.40%、35.22%、38.49%、40.62%、43.58%；而在国有文化及相关产业上市公司中，这一比例平均为 32.79%，各年度分别为 31.80%、33.23%、31.00%、33.62%、33.99%、33.74%、32.15%。

表 5-12　2013—2019 年文化及相关产业上市公司监事会成员的性别结构

年份	总样本		国有企业		非国有企业	
	数量（人）	比例（%）	数量（人）	比例（%）	数量（人）	比例（%）
2013	1.79	33.66	1.87	31.80	1.75	34.71
2014	1.84	35.25	1.95	33.23	1.78	36.35
2015	1.84	33.93	1.98	31.00	1.76	35.40
2016	1.90	34.49	2.1	33.62	1.81	35.22
2017	1.82	36.60	1.94	33.99	1.78	38.49
2018	1.82	38.08	1.88	33.74	1.80	40.62
2019	1.83	39.61	1.87	32.15	1.82	43.58
平均	1.83	35.95	1.94	32.79	1.79	37.77

说明："数量"是指女性监事的人数，"比例"是指女性成员在监事会中所占比例。

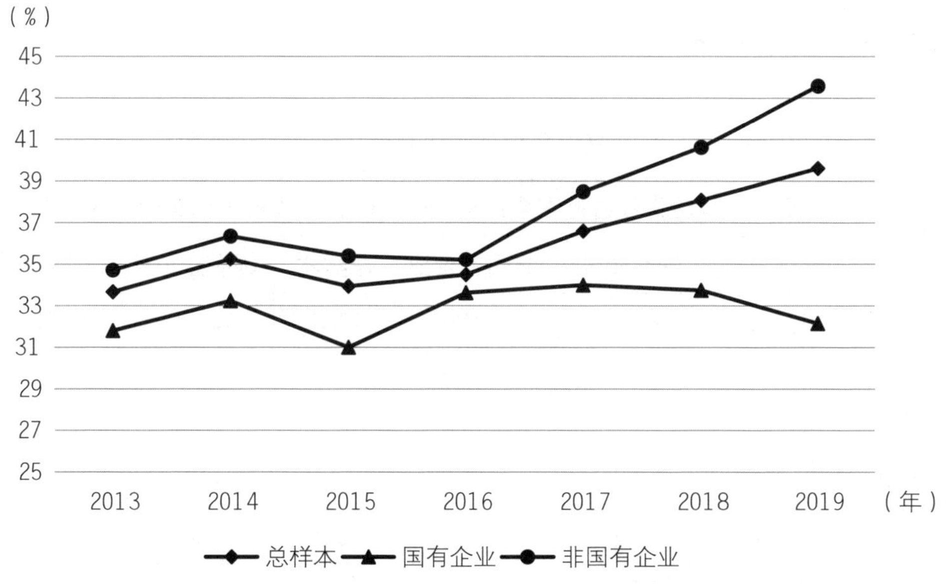

图 5-9　2013—2019 年文化及相关产业上市公司监事会成员的性别结构

三、监事会成员的学历结构

如表 5-13 和图 5-10 所示，2013—2019 年，我国文化及相关产业上市公司监事会中拥有研究生学历的成员占监事会的比重平均为 15.51%，各年度分别为 12.16%、13.15%、15.16%、16.12%、15.62%、16.85%、19.52%。近年来，这一比重有所提升。在国有文化及相关产业上市公司中，研究生人数占监事会的比重相对较高，平均为 17.39%，各年度分别为 12.97%、14.84%、15.65%、18.19%、19.21%、19.41%、21.47%，且逐年增长趋势比较显著；但在非国有文化及相关产业上市公司中，研究生人数占董事会的比重相对较低，平均为 14.64%，各年度分别为 11.70%、12.25%、14.92%、15.16%、14.10%、15.73%、18.65%。如前所述，我国上市公司治理中实行的是平行双会制，监事会的定位是公司的监督机构，其职责是监督公司董事会和高级管理人员的经营决策和管理行为。但对比高学历人员在董事会、监事会、高管层[①]所占的比重可以发现，监事会成员中研究生人员所占比重太低，仅为董事会研究生学历人数比重的一半，更低于高层管理人员中高学历人员的比重。就这一职责本身而言，其所需要的文化素质要求并不应该比董事会和高级管理人员低。那么，对于当前监事会成员的学历水平普遍低于董事会和高级管理人员学历水平的状况是否会影响其监事职能的有效发挥，值得深思。

表 5-13　2013—2019 年文化及相关产业上市公司监事会成员的学历结构

年份	本科及以下学历人数占监事会比重(%)			研究生人数占监事会比重（%）		
	总样本	国有企业	非国有企业	总样本	国有企业	非国有企业
2013	87.84	87.03	88.30	12.16	12.97	11.70
2014	86.85	85.16	87.75	13.15	14.84	12.25
2015	84.84	84.35	85.08	15.16	15.65	14.92
2016	83.88	81.81	84.84	16.12	18.19	15.16
2017	84.38	80.79	85.90	15.62	19.21	14.10

① 详见本章第四节第三部分内容。

续表

年份	本科及以下学历人数占监事会比重(%)			研究生人数占监事会比重(%)		
	总样本	国有企业	非国有企业	总样本	国有企业	非国有企业
2018	83.15	80.59	84.27	16.85	19.41	15.73
2019	80.48	78.53	81.35	19.52	21.47	18.65
平均	84.49	82.61	85.36	15.51	17.39	14.64

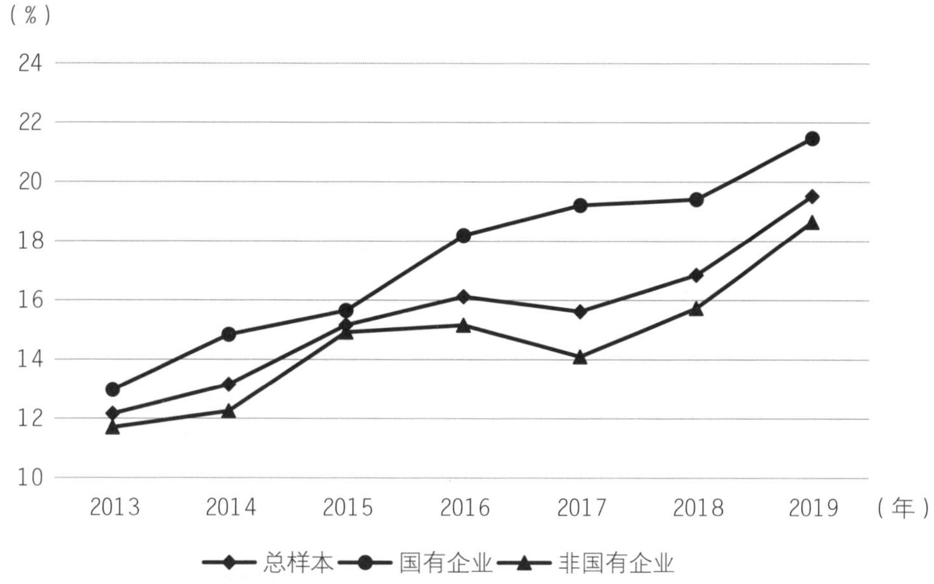

图 5-10　2013—2019 年文化及相关产业上市公司监事会成员的学历结构

四、监事会的会议次数

监事会会议是监事为更好地履行监督职责而召开的会议，《上市公司治理准则》第四十四条规定，监事选任程序、监事会议事规则制定、监事会会议参照本准则对董事、董事会的有关规定执行。如表 5-14 和图 5-11 所示，从总体上看，2013—2019 年文化及相关产业上市公司平均监事会的会议次数为 6.63 次，其中，国有企业平均 6.18 次，非国有企业 6.89 次，非国有企业的平均监事会会议次数高于国有企业。从年度来看，非国有企业的监事会的会议次数也高于国有企业，非国有企业平均监事会的会议次数分别为 5.50 次、6.00 次、6.89 次、6.80 次、7.20 次、7.26 次、6.89 次，国有企业平均监事会的会议次数分别为 6.00 次、5.10 次、6.77 次、6.56 次、6.14 次、6.53 次、5.82 次。

表 5-14 2013—2019 年文化及相关产业上市公司监事会的会议次数

单位：次

年份	总样本平均次数	国有企业平均次数	非国有企业平均次数
2013	5.60	6.00	5.50
2014	5.63	5.10	6.00
2015	6.84	6.77	6.89
2016	6.71	6.56	6.80
2017	6.86	6.14	7.20
2018	7.02	6.53	7.26
2019	6.47	5.82	6.89
平均	6.45	6.13	6.65

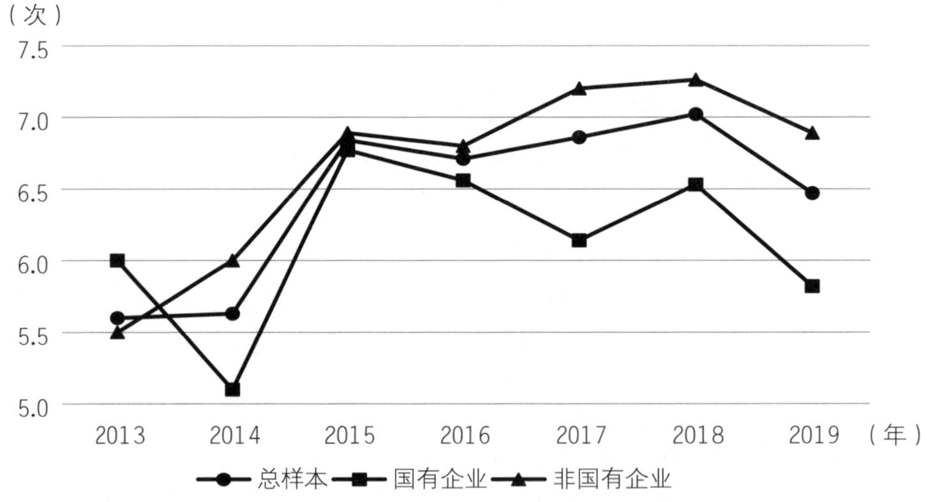

图 5-11 2013—2019 年文化及相关产业上市公司监事会会议的次数

五、监事会成员的年龄结构

如表 5-15 所示，从总体来看，2013—2019 年上市文化及相关产业公司监事会成员中，高于 60 岁的成员相对较少，平均只有 4.76%，国有企业和非国有企业间差别不大，分别为 5.04% 和 4.71%。低于 40 岁的成员所占比例平均为 33.10%，但在不同所有制企业中的占比差别较大，在国有企业和非国有企业中分别为 14.70% 和 45.26%。在 41~50 岁的区间，监事会成员所占比重最大，平均为 37.81%，但在不同所有制企业中的占比差别较大，国有企业平均为 41.06%，非国有企业平均为 34.27%。在 51~60 岁的区间，监事会成员平均比重为 24.33%，但在不同所有制企业中的占比差别更大，国有企业平均为 39.20%，非国有企业仅为 15.76%。

表 5-15 2013—2019 年文化及相关产业上市公司监事会成员的年龄结构分布

年份	≤ 40 岁（占比 %）			41~50 岁（占比 %）			51~60 岁（占比 %）			>60 岁（占比 %）		
	总样本	国有企业	非国有企业	总样本	国有企业	非国有企业	总样本	国有企业	非国有企业	总样本	国有企业	非国有企业
2013	36.17	19.03	47.28	33.57	37.17	31.23	25.39	38.94	16.62	4.87	4.87	4.87
2014	36.63	17.39	48.98	33.69	37.94	30.96	24.57	40.32	14.47	5.10	4.35	5.58
2015	30.00	15.16	45.51	45.33	40.65	37.14	20.56	40.00	12.45	4.11	4.19	4.90
2016	33.16	12.20	46.67	38.57	44.56	34.70	23.18	36.34	14.70	5.09	6.90	3.93
2017	33.10	11.46	44.39	38.02	44.41	34.68	23.58	38.11	15.99	5.30	6.02	4.93
2018	32.69	14.33	43.27	36.97	41.23	34.51	25.75	39.47	17.85	4.59	4.97	4.38
2019	29.94	13.32	40.72	38.54	41.46	36.64	27.27	41.21	18.24	4.25	4.02	4.40
平均	33.10	14.70	45.26	37.81	41.06	34.27	24.33	39.20	15.76	4.76	5.04	4.71

第四节　文化及相关产业上市公司的高管人员治理

高管人员接受董事会的委托，在董事会授权范围内，处理公司的日常经营管理事务，并对董事会负责。高管人员治理是为了促使高管人员有效执行董事会的决策而进行的各项制度安排，包括总经理任职资格的设计、总经理的职权规定、高管人员的激励约束和业绩考核等。而 Hambrick 和 Mason（1984）提出了“高层梯队理论”，认为高层管理人员的特质（如价值观、认知模式、个性等）影响管理层对企业的战略决策，进而影响企业的绩效水平①。因此，除高管激励机制外，本书还整理了文化及相关产业上市公司高管团队的规模、性别多元化、学历结构、平均任期、年龄结构等信息。

一、高管层的规模

高层管理人员即企业的经理层，是具备专门知识、专门技能的职业经理人。《公司法》第二百一十六条将高级管理人员界定为公司的经理、副经理、财务负责人、上市公司董事会秘书和公司年报中公示的其他人员。对于高管层的规模，一些学者认为大规模的团队比小规模的团队好，因为资源和信息是企业战略决策的基础，团队成员可以在一定程度上弥补资源与信息的有限性②；而另一些学者，如 Wiersema 和 Bantel（1992）③、Simon 和 Peterson（2000）④则持相反的观点，认为大规模团队反而会增加企业沟通协调的成本，不利于企业决策的制定。由此可以看出，高管团队规模过小或过大都将不利于企业稳定的发展。因此，企业的高管层应保持适度规模。表 5-16 和图 5-12 显示，2013—2019 年，从总体上看，我国文化及相关产业上市公司高管规模平均为 7.02 人，国有企业高管规模平均为 7.64 人，高于非国有企业的平均值 6.72 人；从年度平均值来看，国企高管规模也均高于非国有企业，国有企业平均高管人数分别

---

① Donald C. Hambrick, Phyllis A. Mason, "Upper Echelons: The Organization as a Reflection of its Top Managers", *Academy of Management Review*, 1984, 9(2):193-206.

② Donald C. Hambrick, Richand A. D’Aveni,"Top Team Deterioration as Part of the Downward Spiral of Large Corporate Bankruptcies", *Management Science*, 1992, 38(10): 1445-1466.

③ Margarethe F. Wiersema, Karen A. Bantel,"Top Management Team Demography and Corporate Strategic Change", *Academy of Management Journal*, 1992, 35(1): 91-121.

④ Simons T. L., Peterson R. S.,"Task Conflict and Relationship Conflict in Top Management Teams: The Pivotal Role of Intragroup Trust", *Journal of Applied Psychology*, 2000, 85(1): 102-111.

为 7.35 人、7.47 人、7.95 人、8.38 人、7.62 人、7.31 人、7.41 人，而非国有企业平均高管人数分别为 6.30 人、6.81 人、7.04 人、6.77 人、6.61 人、6.90 人、6.60 人。

表 5-16　2013—2019 年文化及相关产业上市公司高管人员的人数

单位：人

年份	总样本平均高管人数	国有企业平均高管人数	非国有企业平均高管人数
2013	6.68	7.35	6.30
2014	7.04	7.47	6.81
2015	7.35	7.95	7.04
2016	7.26	8.38	6.77
2017	6.91	7.62	6.61
2018	7.02	7.31	6.90
2019	6.86	7.41	6.60
平均	7.02	7.64	6.72

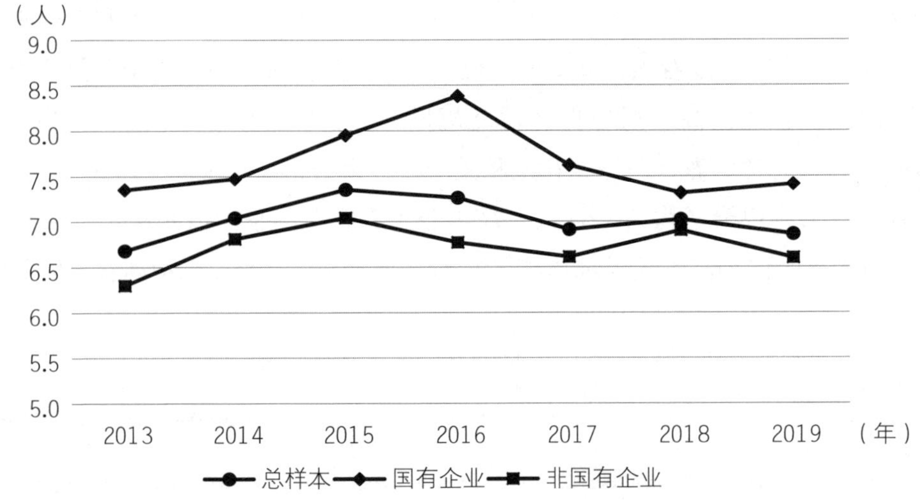

图 5-12　2013—2019 年文化及相关产业上市公司的高管人数

二、高管层的性别多元化

长期以来，中国企业表现出明显的男性主导特征，企业高管也多为男性，但据《国际商业调查报告》显示：2016 年我国的企业女性高管比例已达到 30%，高于 25% 的全球平均水平，这表明女性高管已开始在我国现代企业的经营管理中崭露头角，并在实际工作中发挥着越来越重要的作用。从资源依赖理论来看，女性参与高管团队所带来的性别差异不仅会扩展企业的决策视野，提升企业的治理能力，还可以帮助企业获得外部消费者和投资者以及内部员工的支持，从而在一定程度上降低成本、提高绩效[①]。

如表 5-17 和图 5-13 所示，从总体上看，我国文化及相关产业上市公司女性高管的人数平均为 1.73 人，占全部高管人数的 19.62%，未超过 1/3，无论从数量还是比例来看，非国有企业女性高管数量均高于国有企业，但各年度有所差异。国有企业中女性高管的人数平均为 1.63 人，逐年增加，各年度分别为 1.44 人、1.43 人、1.50 人、1.60 人、1.72 人、1.86 人、1.83 人，比例并没有趋势性的增长；非国有企业中女性高管的人数和比例都较为平稳。

表 5-17　2013—2019 年文化及相关产业上市公司女性高管人员的数量与比例

年份	总样本		国有企业		非国有企业	
	数量（人）	比例（%）	数量（人）	比例（%）	数量（人）	比例（%）
2013	1.63	20.48	1.44	14.52	1.73	23.84
2014	1.72	19.60	1.43	12.89	1.85	23.22
2015	1.70	18.10	1.50	11.78	1.78	21.25
2016	1.78	18.83	1.60	15.11	1.86	20.55
2017	1.73	19.74	1.72	17.17	1.74	20.82
2018	1.80	20.37	1.86	19.00	1.78	20.97
2019	1.77	20.19	1.83	17.43	1.75	21.44

① 任颋、王峥：《女性参与高管团队对企业绩效的影响：基于中国民营企业的实证研究》，《南开管理评论》2010 年第 5 期，第 81—91 页。

续表

年份	总样本		国有企业		非国有企业	
	数量（人）	比例（%）	数量（人）	比例（%）	数量（人）	比例（%）
平均	1.73	19.62%	1.63	15.41%	1.78	21.73%

说明："数量"是指女性高管平均人数，"比例"是指高管人员中女性成员所占的比例。

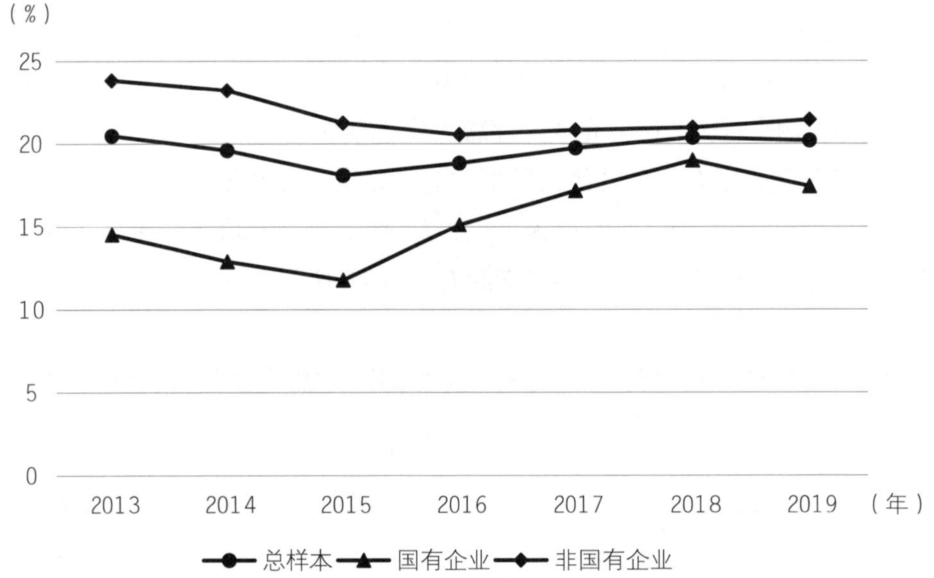

图 5-13 2013—2019 年文化及相关产业上市公司女性高管人员的比例

三、高管层的学历结构

企业家的经营行为与能力对企业绩效有着不可忽视的贡献①，而高管作为企业的直接运营者，其行为与能力也必然与企业绩效密切相关。根据信号传递理论，学历可以作为个人能力的一种象征，众多学者也都实证研究了高管的学历对企业绩效的正向影响。学历一方面反映了企业高管可能具有较强的学习与工

① 贺小刚、李新春：《企业家能力与企业成长：基于中国经验的实证研究》，《经济研究》2005 年第 10 期，第 101—111 页。

作能力，可以为企业带来更高的生产效率；另一方面也意味着他们可能拥有更为丰富的信息资源与更高层次的社会关系，从而能够更好地引领企业的发展。

如表5-18和图5-14所示，2013—2019年，我国文化及相关产业上市公司高管成员中具备研究生学历的人员比重平均为32.18%，且逐年增加，各年度分别为27.22%、28.61%、32.78%、32.37%、32.58%、34.20%、37.50%，这一比例低于董事会中具有研究生学历的成员比重40.82%，但远高于监事会中具有研究生学历的成员比重15.51%。无论是国有企业，还是非国有企业，具有研究生学历的高管成员比重越来越大，非国有企业这一比例平均为33.67%，各年度分别为28.50%、30.54%、32.78%、33.96%、34.21%、35.91%、39.76%；国有企业平均为28.22%，各年度分别为24.95%、25.03%、27.16%、28.95%、28.70%、30.28%、32.46%，非国有企业高管具有研究生学历的成员比例远高于国有企业。

表5-18　2013—2019年文化及相关产业上市公司高管人员的学历结构

年份	本科及以下学历人数占高管层比重（%）			研究生学历人数占高管层比重（%）		
	总样本	国有企业	非国有企业	总样本	国有企业	非国有企业
2013	72.78	75.05	71.50	27.22	24.95	28.50
2014	71.39	74.97	69.46	28.61	25.03	30.54
2015	67.22	72.84	67.22	32.78	27.16	32.78
2016	67.63	71.05	66.04	32.37	28.95	33.96
2017	67.42	71.30	65.79	32.58	28.70	34.21
2018	65.80	69.72	64.09	34.20	30.28	35.91
2019	62.50	67.54	60.24	37.50	32.46	39.76
平均	67.82	71.78	66.33	32.18	28.22	33.67

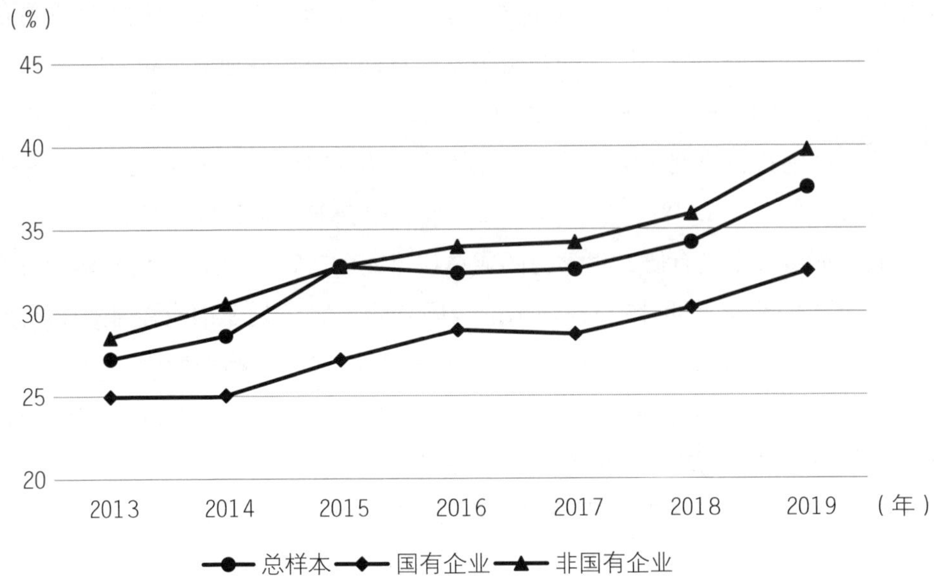

图 5-14 2013—2019 年文化及相关产业上市公司高管中研究生学历的比例结构

四、高管人员的平均任期

对于高管任期，一种观点认为，更长任期的高管团队在信息交流、团队合作和处理复杂问题等方面具有更强的能力，这会带来团队工作效率的提升，进而影响企业的绩效[①]。另一种观点认为，任期的延长会使高管更专注于自己的工作方式，丧失对创新的兴趣，从而不利于企业战略决策的转变[②]。对于文化企业而言，其生命力就在于其创意性，文化产品及服务的消费需求也在很大程度上取决于文化企业追求创意，关注产品内容、产品载体等方面的创新性程度，因此，在高管的任期方面也应特别关注（见表 5-19 和图 5-15）。

① 孙海法、姚振华、严茂胜：《高管团队人口统计特征对纺织和信息技术公司经营绩效的影响》，《南开管理评论》2006 年第 6 期，第 61—67 页。

② Danny Miller,"Stale in the Saddle: CEO Tenure and the Match between Organization and Environment", *Management Science*, 1991, 37(1): 34-52.

表 5-19　2013—2019 年文化及相关产业上市公司高管人员的平均任期

单位：月

年份	高管平均任期	国有企业高管平均任期	非国有企业高管平均任期
2013	44.39	47.63	42.25
2014	42.58	50.03	38.40
2015	38.40	43.03	35.90
2016	37.16	39.86	35.67
2017	38.67	42.96	36.72
2018	42.67	44.94	41.61
2019	44.27	42.22	45.32
平均	41.16	44.38	39.41

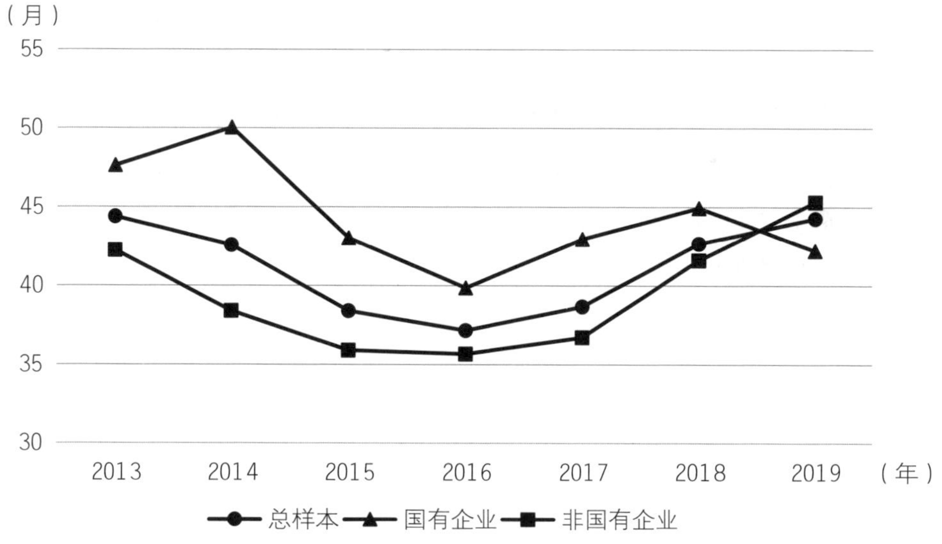

图 5-15　2013—2019 年文化及相关产业上市公司高管人员的平均任期

五、高管人员的年龄结构

高管团队的年龄结构会影响企业的经营决策，一般来说，年轻高管更富有创新与变革精神，因此，更有可能为企业带来发展战略的改变，有利于企业抢占战略先机以及应对市场环境的变化①。而年长高管则通常会在企业的战略决策中表现保守，但其生活阅历与工作经验较为丰富，更重要的是，其拥有的社会资本要远远多于年轻高管，这些资本能够为企业带来便利的融资以及优惠的税收等因素②，从而有助于提升企业绩效。但由于中国市场制度的不断完善以及市场竞争日趋激烈，文化企业一方面需要社会资本的需求，另一方面也更加需要管理者创新和变革的需求，因此，高管人员年龄结构的配置对公司治理也是极为重要的因素。

如表 5-20 所示，从总体来看，2013—2019 年上市文化及相关产业公司高管成员中，高于 60 岁的成员占比最少，平均只有 1.25%，国有企业和非国有企业差别不大，分别为 1.28% 和 1.26%。小于 40 岁的成员所占比例次之，平均为 12.73%，在讲究资历的国有企业中比例较低，仅有 7.50%，在非国有企业中比例较高，平均有 15.13%。高管成员集中在 41~50 岁、51~60 岁，其中在 51~60 岁的区间最高。在 41~50 岁的区间内，高管成员比例平均为 36.06%，在国有企业和非国有企业中差别不大，分别为 35.68% 和 36.29%。在 51~60 岁的区间，高管成员所占比重最高，达到 49.84%；国有企业相对更高一些，为 55.54%；非国有企业相对低一些，为 47.32%。

① Margarethe F. Wiersema, Karen A. Bantel, "Top Management Team Demography and Corporate Strategic Change", *Academy of Management Journal*, 1992, 35(1): 91-121.

② 张娜：《女性董事对企业绩效影响的实证研究——来自中国 973 家上市公司的证据》，《妇女研究论丛》2013 年第 4 期，第 38—48 页。

表 5-20　2013—2019 年文化及相关产业上市公司高管人员的年龄结构分布

年份	≤ 40 岁（占比 %）			41~50 岁（占比 %）			51~60 岁（占比 %）			>60 岁（占比 %）		
	总样本	国有企业	非国有企业	总样本	国有企业	非国有企业	总样本	国有企业	非国有企业	总样本	国有企业	非国有企业
2013	13.15	7.44	16.38	37.15	39.15	36.02	48.66	53.26	46.05	1.04	0.15	1.54
2014	13.12	7.89	15.58	36.51	36.73	36.41	49.40	54.52	47.00	0.96	0.86	1.01
2015	13.01	7.77	15.34	36.14	35.24	36.54	49.63	55.91	46.85	1.21	1.08	1.27
2016	13.85	7.44	16.70	35.76	35.22	36.00	49.10	55.45	46.28	1.29	1.89	1.02
2017	13.21	7.87	15.22	35.51	34.20	36.01	49.77	55.57	47.58	1.51	2.36	1.19
2018	11.74	7.54	13.43	36.42	34.61	37.15	50.40	56.53	47.92	1.45	1.32	1.50
2019	11.23	6.54	13.29	35.53	34.62	35.93	51.93	57.56	49.46	1.31	1.29	1.32
平均	12.76	7.50	15.13	36.15	35.68	36.29	49.84	55.54	47.32	1.25	1.28	1.26

六、高管的激励机制

依据高管激励的内容，对高管的激励方式基本可分为基于绩效的奖金和薪酬、股票期权以及基于绩效的解雇决定三种形式[①]。在我国上市公司治理实践中，通常的激励方式是货币薪酬和股权薪酬两部分。

由表 5-21 和图 5-16 可知，2013—2019 年，文化及相关产业上市公司前三名高管薪酬总额平均为 245.68 万元，有逐年增长的趋势，但远低于所有上市公司前三名高管薪酬平均值；从总体上看，国有企业前三名高管薪酬要高于非国有企业，分别为 252.43 万元和 241.26 万元，但差别不大；自 2016 年开始，非国有文化企业前三名高管薪酬开始反超国有企业；企业个体间差异较大，最高值为 2182.8 万元，最低只有 12.4 万元。

股权激励起源于 20 世纪的美国，是指在某特定的时期内，以某种约定的方式使经营者得到该公司一定量的股份，使经营者或管理者的角色发生转变，由单纯的代理方转向管理者和所有者的双重职能，从而使其更加尽职尽责，达到激励经营管理者取得公司利益最大化的目的。鉴于股权激励具有促进管理者积极性、主动性的优点，我国一些上市公司在 20 世纪 90 年代也开始实施股权激励计划。最近十余年中，我国监管政策陆续出台使得股权激励的实施条件变得越来越宽松。例如，经过长时间的探索和改进，证监会在 2016 年出台了新的《上市公司股权激励管理办法》，规范并鼓励上市公司采用股权激励方案进行激励。根据上海荣正投资咨询股份有限公司的报告，2018 年我国 A 股上市公司发布的股权激励计划公告数量总计 409 个，创下历史新高[②]。

由表 5-22 和表 5-23 可知，2013—2019 年，平均有 25.76% 的文化及相关产业上市公司实行了高管股权激励，其中 24.10% 是非国有企业，仅有 1.66% 是国有企业。从持股比例看，高管平均持有 10.58% 的股份，高于上市公司高管持股均值，其中，国有企业高管平均持股 0.66%，非国有企业高管平均持股 14.41%。由此可知，股权激励尚未在文化及相关产业上市公司中大范围推广，

① Michael C. Jensen, Kevin J. Murphy,"Performance Pay and Top-Management Incentive", *Journal of Political Economy* 1990,98(2):225-264.

② 张敬文、田柳：《股权激励与上市公司经营绩效关系研究——基于分析师关注的视角》,《南开经济研究》2020 年第 5 期，第 171—184 页。

尤其是国有企业，高管平均持股比例也不高，不会造成高管权力集中而借此侵犯股东利益。

表 5-21　2013—2019 年文化及相关产业上市公司前三名高管人员的薪酬

单位：万元

年份	总样本	国有企业	非国有企业
2013	175.76	220.67	150.38
2014	195.30	233.82	174.52
2015	222.06	232.50	216.83
2016	237.64	227.56	242.32
2017	266.36	248.37	273.92
2018	296.29	287.38	300.17
2019	326.36	316.74	330.70
平均	245.68	252.43	241.26

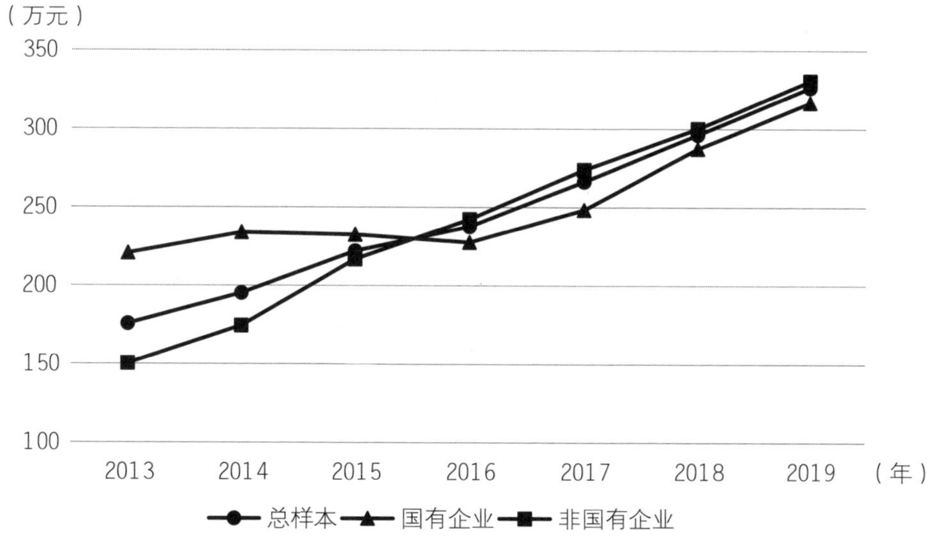

图 5-16　2013—2019 年文化及相关产业上市公司前三名高管人员的薪酬

表 5-22　2013—2019 年实行高管股权激励的文化及相关产业上市公司

年份	总样本		国有企业		非国有企业	
	数量（家）	比例（%）	数量（家）	比例（%）	数量（家）	比例（%）
2013	29	20.14	2	1.39	27	18.75
2014	36	22.93	3	1.91	33	21.02
2015	37	21.64	2	1.17	35	20.47
2016	47	23.27	3	1.49	44	21.78
2017	62	27.80	3	1.35	59	26.46
2018	75	33.48	4	1.79	71	31.69
2019	73	31.06	6	2.55	67	28.51
平均	51.29	25.76	3.29	1.66	48.00	24.10

表 5-23　2013—2019 年文化及相关产业上市公司高管人员的持股比例

单位：%

年份	总样本	国企	民企	全部上市公司
2013	11.08	0.74	15.68	6.62
2014	11.79	0.51	16.53	6.70
2015	10.21	0.59	14.11	6.39
2016	10.29	0.40	14.01	7.03
2017	10.20	0.51	13.46	7.54
2018	10.46	1.15	13.66	7.16
2019	10.04	0.70	13.40	6.86
平均	10.58	0.66	14.41	6.90

第六章

文化及相关产业上市公司治理机制的实证研究

随着文化事业单位的转企改制以及文化企业越来越成为文化市场的主体，完善的公司治理已成为文化企业的重要问题之一。本书第五章对235家文化及相关产业上市公司治理的合规性现状进行了全面系统的梳理，但对于这些治理机制到底是否发挥了效果、在多大程度上发挥了效果尚未得知。本章以2013年开始上市的128家文化及相关产业上市公司为样本，实证检验了股权结构、董事会、高管激励机制的治理效果。

第一节　研究假设

一、股权结构治理假设

1. 文化及相关产业上市公司的股权集中度对企业绩效的影响

分析股权集中度对企业绩效的影响，一般有两种观点：壕沟防御效应和利益协同效应。利益协同效应认为，当股权集中度达到一定程度时，股东和中小股东的利益趋于一致。小股东由于“搭便车”问题很难起到控制公司经理的作用，因而所有权集中更有利于增强对经理层的控制，意味着股权的集中使得大股东能够抑制经理层的机会主义，缓解公司的代理冲突，降低了企业内部的监督成本和代理成本，企业治理效率有所提高，从而带动企业绩效的提高。由于壕沟防御效应的存在，第一大股东与中小股东之间的委托代理问题在股权集中度较低的水平下，随着股权集中度的增加体现得越发明显，这时大股东会通过侵占中小股东的权益为自己获得更大的利益。已有的实证研究就股权集中度对绩效影响的结论并不一致，Omar（2015）认为提高股权集中度，会对企业的长远发展起到负向影响，因为股权集中度的提高必然会带来信息不对称，这会使得债务比例上升，公司财务出现不良状况，进而影响公司绩效的稳步发展①。刘运国和高亚男（2007）认为，股权集中度越高的企业，它的经营业绩越为突

① Omar F,"Effect of Ownership Concentration on Capital Structure:Evidence from the MENA Region", *International Journal of Islamic and Middle Eastern Finance and Management*, 2015,8(1):99-113.

出[①]。李烨和黄速建（2016）也提出，企业经营绩效的提高和较高的股权集中度有关，对于国有企业尤其如此。但也有学者指出，股权集中度和企业绩效间并不是简单的线性关系[②]，比如陈德萍和陈永圣（2011）认为两者之间存在着一种U形关系[③]。根据以上分析，本文做出了如下假设：

假设1：文化及相关产业上市公司的股权集中度与企业绩效之间存在非线性关系，且两者之间呈现倒U形关系。

2. 文化及相关产业上市公司的股权制衡度对企业绩效的影响

股权制衡是对企业股权结构协同安排的一种制度，是限制大股东做出不利于其他股东行为的一种有效手段，合理的股权制衡机制安排能够使股东之间形成制约机制，大股东之间形成了互相监督的动机[④]，没有任何一个大股东可以独立决策公司的重大事项，必须经过股东之间的相互协调，不能因为自身利益而损害其他股东的利益，可以有效抑制大股东的掏空行为，避免中小股东的利益受到损害；此外，大股东多元化有利于对企业的经营决策进行有效约束和监督，避免了股权高度分散化下的"搭便车"问题[⑤]，从而为完善的公司治理提供保障，确保公司的正常运转，实现经营绩效的提高。但是也要看到，当一个公司存在两个或两个以上大股东且持股比例相当时，会出现多位大股东之间的"搭便车"行为，即由于股东根据所持股份的比例来分享控制权收益，因此，股东不愿意支付昂贵的监督成本，会产生消极行为或自动放弃监督和制衡的作用，从而抑制了大股东对公司投入和监督的积极性。通常认为股权制衡度与企业绩效之间通常呈现着一种非线性的倒U形关系。根据以上分析，本文做出了如下假设：

① 刘运国、高亚男：《我国上市企业股权制衡与企业业绩关系研究》，《中山大学学报（社会科学版）》2007年第4期，第102—108页、第128页。

② 李烨、黄速建：《我国国有企业的综合绩效影响因素研究——以2006—2014年沪深国有A股企业为样本》，《经济管理》2016年第11期，第60—71页。

③ 陈德萍、陈永圣：《股权集中度、股权制衡度与企业绩效关系研究——2007—2009年中小企业板块的实证检验》，《会计研究》2011年第1期，第38—43页。

④ 李维安、李汉军：《股权结构、高管持股与企业绩效——来自民营上市企业的证据》，《南开管理评论》2006年第5期，第4—10页。

⑤ 朱和平、李梵雨：《基于股权结构视角的中小企业绩效研究》，《财会通讯》2014年第27期，第41—43页。

假设 2：文化及相关产业上市公司的股权制衡度与企业绩效之间存在非线性关系，且两者之间呈现倒 U 形关系。

3. 文化及相关产业上市公司的国有股对企业绩效的影响

国有股是一种特殊性质的股权，它名义上归全体国民所有，主要管理者是各级国有资产监督管理委员会及其下属的国有资产经营公司等，缺乏人格化的主体，造成持股主体缺位；且在多重委托代理关系中，中间的委托链条越长，就越有可能加重“所有者缺位”“监管者缺乏动力监管造成监督不力”等问题；此外，由于国家对管理人员缺乏有效的监督，还有可能引发“内部人控制”问题，使得这些企业的管理人员在公司的经营中为了谋求自身利益最大化而损害公司利益。另外，国有股的存在，使得企业要兼顾多方利益，国家机关可能会要求企业日常运营与国家或政府的目标相配合，与上市企业追求的利润最大化目标不一致，进而损害了企业绩效。同时，官员在管理企业过程中照搬政府的管理模式，存在一些管理僵化、对企业过度干预或者不作为的问题，使得国有股对企业绩效产生负面影响。对于文化企业而言，从一般意义上来讲，国有股的存在也确实存在以上问题，而由于文化企业的意识形态属性，一定的国有股的存在有利于引导企业沿着国家所倡导的正确的意识形态发展从而产生良好的社会效益，良好的社会效益又能为经济效益的提升创造条件。同时，国有股的存在还有利于获得政府政策的倾斜和支持，在国家高度重视文化产业的现阶段是极其重要的。随着国有企业改革的不断加深以及文化市场体系的建立和日渐完善，国有股对企业经营所可能造成的弊端也会逐渐减少。根据以上分析，本文做出了如下假设：

假设 3：文化及相关产业上市公司的国有股对企业绩效具有正面影响。

4. 文化及相关产业上市公司的法人股比例对企业绩效的影响

不同于国有股，法人股的所有权关系较为明晰，受到资本天生追逐利益的支配，法人股追求的目标函数是自身利益的最大化，与企业的整体利益是一致的。在相同的目标驱使下，法人股股东在企业管理中会更加具有积极性，也会形成有效的监督，从而有利于企业绩效的提升。李盛林（2009）对 A 股上市公司的实证研究发现增加法人股的比例有助于提升净资产收益率[①]。赵贞、张建平和高佳（2014）指出法人股股东不能通过股票的买卖获得收益，公司经营的好坏直接影响到法人股股东的利益。另外，法人股的产权主体本身是企业法人或机构投资者等，经济实力和抗风险能力都比较强，持有的公司股份也比较多，能够在公司董事会中占有一席之地，能够对公司治理起到积极的作用。他们的实证研究也证实了，法人股对我国国际化经营企业绩效提升有显著的正面影响，法人股持股效率的提高，有助于吸引国外成熟的机构投资者，帮助促进企业经营管理效率[②]。根据以上分析，本文做出了如下假设：

假设4：文化及相关产业上市公司的法人股对企业绩效具有正面影响。

5. 文化及相关产业上市公司的流通股比例对企业绩效的影响

尽管流通股的存在为公司外部治理提供了一种途径，但流通股股东通常持有较少部分的股权且极为分散，这就决定了流通股在参与公司治理的过程中并无积极性。分散的流通股股东收益和监督成本的不对等使得流通股股东在监督过程中普遍存在“搭便车”的心理，而且他们所持有的股份较少，无法进入董事会，也无法通过影响董事会来影响公司的决策。在我国的资本市场中，中小股东的利益缺乏保护，他们并不关心企业的长期发展和经营绩效，而是更为关注股价在二级市场上的波动，希望通过低买高卖赚取价差来获益。因此，从公司治理的角度来看，流通股股东治理并无正面影响。根据以上分析，本文做出了如下假设：

假设5：文化及相关产业上市公司的流通股对企业绩效具有负面影响。

二、董事会的特征影响假设

1. 文化及相关产业上市公司董事会的规模对企业绩效的影响

由于文化企业自身的特殊性，其发展的时间并不长，国内可获取的类似经验不多，这使得文化及相关产业上市公司的董事会内部机构设置不尽合理。当董事会成员较多时，维持董事会的成本也随之上升，召集会议难度增加，同时极有可能使具有相关经验的董事比例降低，职能安排出现混乱，董事之间沟通

---

① 李盛林：《我国上市企业股权结构对企业业绩的影响》，《会计之友》2009年第3期，第103—104页。

② 赵贞、张建平、高佳：《国际化经营、股权结构与企业绩效——基于A股数据的经验分析》，《国际商务（对外经济贸易大学学报）》2014年第3期，第102—111页。

协调成本上升，代理问题、“搭便车”等问题加剧，导致决策效率低下、人才资源浪费、公司业绩下滑。企业在保证董事会人数与公司规模相适应的同时，对有相关背景的董事人数也要慎重考虑，过多易使董事会成员能力过于单一导致岗位缺少人手，工作效率下降；过少或缺失容易造成企业决策失误，因专业知识储备不足无法判断出适合企业发展的最佳路径。李维安和张耀伟（2004）的研究也证明了这一点，他们以931家上市公司的数据为样本，经过实证研究发现董事会规模与企业绩效之间并非简单的线性关系而是呈倒U形，即企业绩效先随着董事会人数的增加而上升，当升到一定临界点时，随着人数的增加，企业绩效反而会下降①。从第三章的数据统计以及本章的描述性统计结果来看，我国文化及相关产业上市公司的董事会规模总体适中，并没有庞大的规模，因此，根据以上分析，本文做出了如下假设：

假设6：文化及相关产业上市公司董事会的规模对企业绩效具有正面影响。

2. 文化及相关产业上市公司的独立董事对企业绩效的影响

独立董事除了担任该公司的独立董事外，不再担任该公司的任何其他董事，意味着独立董事除了能够在董事会上行使表决权以外，与公司不具有任何的利益关系，这样可以保证其在行使决策权的过程中，能够客观独立地处理各方利益关系。从代理成本角度来看，独立董事的存在有利于减少企业的代理风险。企业通过设立独立董事制度可以防止内部人控制问题，改善董事会决策结构，起到监督、制衡的作用，促进委托代理双方利益一致。作为知识密集型行业，董事会成员素质是文化及相关产业上市公司发展的重要影响因素，而其中，专业知识与素养又是更为重要的因素，具有相关专业背景的独立董事可以依靠其所学为企业发展提出合理化建议，避免不必要的决策失误；具有丰富政治背景以及政治关系的董事对公司的发展起着积极的作用，不仅可以为公司规避风险，而且还可以为公司发展带来机会。但是，实证研究却并没有证实理论上的分析。徐翠翠（2015）对传媒上市公司的实证研究发现，传媒企业独立董事比例与董事会治理行为之间存在负相关关系，独立董事对于企业绩效的提高

---

① 李维安、张耀伟：《上市公司董事会治理与绩效倒U形曲线关系研究》，《经济理论与经济管理》2004年第8期，第36—42页。

有负面影响，她通过调查发现，在传媒类上市公司中，独立董事很少发表自己的意见，并且由于传媒类公司具有一定的政府性质，因此，董事会的治理中常含有行政干预，从而阻碍了独立董事有效地发挥自身的作用。从前述我们对235家文化及相关产业上市公司独立董事数据的统计比例可知，上市公司聘任独立董事更多的是制度建设的合规性举措，加之独立董事独立性、问责机制不健全、兼职过多等问题，独立董事已成为制约上市公司董事会治理以及公司治理有效性的关键因素[①]。根据以上分析，本文做出了如下假设：

假设7：文化及相关产业上市公司独立董事的比例对企业绩效具有负向影响。

3. 文化及相关产业上市公司董事会的两职合一对企业绩效的影响

在上市公司中，总经理作为代理人处理公司事务，董事会作为委托人有权监视代理人的行为。但由于信息不对称，总经理为了自身利益会使董事会利益受损。当董事长与总经理两职合一时，这个问题可能变得更为严重。在没有两职合一的情况下，总经理利用所获取的公司信息作出安排并提交董事会进行审查决策，此时的审查结果是无法预测的；但当两职合一后，董事长可以对董事会进行引导，从而做出有利于自己的决策，但这个决策却不一定对公司整体有利，甚至危害公司利益。现代管家理论认为，两职合一有利于给予管理者明确的、不容挑战的地位，以及充分的信任与授权，能够保证公司的领导权更清楚、更一致，使其能够发挥工作积极性，保证公司的发展方向以及强有力的领导与控制。反对两职合一的学者从委托代理理论出发，认为董事会的职能之一便是对公司治理的监督，也是对总经理工作的监督，如果由董事长兼任总经理，董事会成员很难对董事长行为作出批评或者提出独立意见。在两职合一的情况下，以总经理为代表的管理层可能更倾向于向董事会隐瞒信息，加剧信息不对称所带来的负面影响，从而影响企业绩效。根据以上分析，本文做出了如下假设：

假设8：文化及相关产业上市公司董事会的两职合一对企业绩效具有负向影响。

---

① 李维安、郝臣：《公司治理手册》，清华大学出版社2015年版，第213页。

4. 文化及相关产业上市公司董事会的会议次数对企业绩效的影响

目前国内外学者关于董事会的会议次数对企业绩效的影响研究结论并不一致，主要存在两种看法：一种观点认为，董事会召开会议越频繁，董事会便能更好地起到监督作用，也能促进董事履行其职责，更加注重股东的利益；另一种观点认为，独立董事一起决策的时间原本就非常有限，而这有限的时间更应该应用于企业的重大决策中，而并非频繁的会议上。一般来说，如果运转正常，说明企业在治理上没有太大问题，就不会花费成本去组织会议；但当企业绩效下滑时，董事会的会议次数会明显上升，随着正确决策的做出，企业绩效上升，也就是说，董事会会议的召开会使得企业更好地解决当前面临的问题，如果董事会将会议维持在一个较好的频率，未雨绸缪，就可以避免在问题出现后紧急召开会议的尴尬，从而将企业绩效维持在一个较好的水平上。文化企业具有独特的意识形态属性，董事会在做出决定前都应详细考虑之后对消费者在精神层面产生的影响，如对于出版传媒类企业来说，相较于其他企业的不同之处就是关于出版物内容等类似会议的召开，确定出版物的主旨思想，考虑出版内容产生的社会影响、能否给大众带来正能量等问题。根据以上分析，本文做出了如下假设：

假设 9: 文化及相关产业上市公司董事会的会议次数对企业绩效具有正向影响。

5. 文化及相关产业上市公司的女性董事对企业绩效的影响

近年来，女性董事的存在与企业绩效之间的关系日益受到人们关注，国内外对此进行的研究很多，但始终没有得到统一的结论，而由于不同行业之间的异质性，女性董事在董事会能够起到的作用也因其特质而异。一般认为，女性董事的存在增加了董事会的多元化，而女性独特的管理风格也能够使董事会的运作得到改善。同时，在处事上女性比男性更加谨慎和仔细，女性董事在做出决定时更会考虑多方面因素，收集到足够信息以后做出有利于公司发展的判断，这对文化企业来说尤为重要。女性由于天生的敏感性，因此，对他人及不同利益相关者的利益更敏感，像出版公司、影视公司出品的文化产品，女性更容易考虑其内涵对社会大众造成的精神层面的影响，推测产品能否为消费者带来正面影响，据此评估文化产品的经济效益和社会效益是否值得上市推广，督促公司产品的发展，创造更佳的企业绩效。徐翠翠（2015）选取2008—2013年年33家文化传媒上市公司为研究对象，实证研究发现女性董事的比例与董事会的治理行为呈正相关关系，也就是说，女性董事比例的提高可以促进董事会的决策效率、决策水平等，文化传媒上市公司相比于其他类型公司，更需要具有耐心和责任心的董事，这正是女性相比于男性的突出优点，因此能够加强董事会的治理行为[①]。根据以上分析，本文做出了如下假设：

假设10：文化及相关产业上市公司的女性董事对企业绩效具有正向影响。

三、高管激励机制影响假设

在委托代理理论的观点下，基于理性人假设，股东与管理层都在努力追求自身利益的最大化，而股东和代理人的目标并不完全一致。这种不完全一致会导致二者之间产生矛盾，进而降低企业的经营效率。为了解决这种矛盾，股东往往会采取高管激励方式来激励管理者为其更好地服务。

货币薪酬是一种短期合约安排，主要由基本工资和奖金两部分构成，基本工资是对企业高管的固定支付，而奖金一般与企业绩效挂钩。根据最优契约理论，通过建立与企业绩效相联系的奖金薪酬，可以有效引导企业经理层为提升自身报酬而按照企业价值最大化的目标行事，从而部分解决由于信息不对称带来的管理层的道德风险和逆向选择问题。

股权激励是一种长期激励方式，关于我国上市公司经理人股权激励业务对企业绩效影响的看法可谓见仁见智。有学者认为我国上市公司自2006年以来实施的股权激励计划对公司的长期产出并没有显著影响；但也另有学者认为我国股权激励制度的实施可以缓解存在的委托代理问题，既能减少管理层与股东之间的利益冲突，而且也能减少公司低效率的投资行为，降低代理成本[②]。关于股权激励的效果有两种截然不同的观点："利益趋同效应"和"壕沟防御效应"。前者认为，股权激励是一种有效的公司治理机制，能缓解股东和经理人的利益冲突，股权激励对企业的绩效是正向的，激励带来的利益趋同与一致性

---

① 徐翠翠：《董事会异质性对文化传媒上市公司投资行为的影响——基于董事会治理行为的中介效应视角》，山东财经大学硕士学位论文，2015年。

② 周云波、张敬文：《经理人股权激励可以提升企业价值吗？——来自中国A股上市公司的证据》，《消费经济》2020年第1期，第26—34页。

约束管理层行为，有利于提升公司绩效[①]。而后者则认为，随着管理层持股比例的增加并超过一定水平，市场对管理层的约束会越来越低，而管理层可能会通过特定的投资来进一步巩固自己的职业地位，降低自己被替换的可能性，并从股东那里获取更高的工资和更大的收益[②]。那么如果管理层持股过多，这种非企业价值性的投资行为会增加，这会对公司业绩产生负面的影响。当前我国上市公司管理层持股比例较低，因此，我们认为股权激励的利益驱动效应占主导。根据以上分析，本文做出了如下假设：

假设 11：文化及相关产业上市公司的高管薪酬激励对企业绩效具有正向影响。

假设 12：文化及相关产业上市公司的高管股权激励对企业绩效具有正向影响。

第二节 数据来源及变量定义

一、样本选取与数据来源

为探究文化企业不同治理机制的治理效果，本书选取了国内沪深两市 A 股文化及相关产业上市公司 2013—2019 年的数据进行实证分析。对于样本的选择，在第五章 235 家公司的基础上进行了进一步的筛选，选取了上市时间在 2013 年之前的公司，并剔除了数据异常以及数据缺失的公司。最终，得到有效样本共计 128 家上市文化公司，7 年共得到 896 个有效样本观测点。

本文实证研究中所需的文化及相关产业上市公司的所有数据，包含公司财务数据、股权结构数据、董事会特征数据以及高管薪酬数据，均来源于国泰安 CSMAR 数据库，对于 CSMAR 数据库中缺失的少量数据，通过同花顺 iFinD 数据库进行了人工搜集整理并补全。数据处理与计量分析通过 Excel2019、SPSS26 以及 Eviews11.0 完成。

---

① Jensen Michael C., Meckeing William H.,"Theory of the Firm: Managerial Behavior, Agency Costs, and Ownership Structure", *Journal of Financial Economics*, 1976,3(4): 305-360.

② Shleifer,A.,Vishny R.W.,"Management Entrenchment：The Case of Manager-Specific Investments", *Journal of Financial Economics*,1989,25(1):123-139.

二、变量的定义

本文实证分析中要检验不同治理机制的治理效果，对于治理效果，一般用效益来表示。对于文化及相关产业上市公司而言，效益要综合考虑经济效益和社会效益，然而，我们暂时还无法找到一个能够综合考量两个效益的指标。因此，被解释变量仍采用衡量企业绩效的会计指标总资产收益率（ROA），该指标能够反映企业资产的利用效果。因为影响企业绩效的因素众多，本书参考了前人的相关研究，选取了企业规模、资产负债率、企业成长性为控制变量来控制上市公司的其他特征。有关变量的符号及含义具体见表 6-1。

表 6-1　变量符号及含义

变量	变量含义	变量说明
ROA	总资产收益率	企业净利润和资产总额的比率 ×100
CRTE	股权集中度	前十大股东持股比例
Z	股权制衡度	第二至第十大股东持股比例 / 第一大股东持股比例
SSR	国有股比例	国有股占企业总股本的比例
LSR	法人股比例	法人股占企业总股本的比例
TSR	流通股比例	流通股占企业总股本的比例
BDS	董事会规模	董事会成员总人数
IND	独立董事比例	独立董事人数占董事会总人数的比例
WFM	是否存在女性董事	虚拟变量，WFM=1，董事会中存在女性董事；WFM=0，董事会中没有女性董事
MET	董事会会议次数	年度董事会召开次数
WB	董事长与总经理是否两职合一	虚拟变量，WB=1，两职合一；WB=0，两职由不同人员担任
FMR	女性董事比例	女性成员在董事会中所占的比例
MS	高管货币薪酬	前三名高管人员货币薪酬总额的自然对数
MH	高管持股比例	高管持股量占总股本的比例

续表

变量	变量含义	变量说明
SIZE	企业规模	企业年末总资产的自然对数
DBR	资产负债率	企业年末总负债与总资产的比率
GROWTH	企业总资产增长率	企业年末总资产的增长额同年初资产总额之比

后文对股权治理、董事会治理和高管薪酬治理机制对企业绩效的检验将采用平衡的面板数据来进行。同时，还会进一步对不同所有制性质（国有企业和非国有企业）、不同行业（文化服务业、文化批发和零售业及文化制造业）和不同地域（东部、中部和西部）的样本分组进行检验。

第三节　实证结果分析

一、描述性统计分析

表 6-2 是对被解释变量的描述性统计。

（1）总资产收益率。文化及相关产业上市公司的总资产收益率的平均值为 0.0254，不同企业间的差异较大，最大值是 0.2932，而最小值则是 -1.0676。总资产收益率的标准差为 0.1154，离散程度较大，进一步说明我国文化及相关产业上市公司在资产经营效益方面存在着较大的差异。现阶段，我国经济越来越呈现数字化特征，数字经济在推动文化产业转型升级、引领文创新业态方面发挥了重要作用。从数字经济中获得新动能的文化产业子产业，借助于新技术、新手段、新业态，不仅在竞争中逐步占据优势，获得了良好的经济效益，更是为社会效益的传播提供了更多、更好、更便利的平台和条件。而一些传统产业则在竞争中逐步丧失优势。

表 6-2　变量的描述性统计

变量	样本数	最小值	最大值	平均值	标准差
ROA	896	-1.0676	0.2932	0.0254	0.1154
CRTE	896	0.2231	0.9074	0.5734	0.1433

续表

变量	样本数	最小值	最大值	平均值	标准差
Z	896	0.0281	5.3983	1.0477	0.9166
SSR	896	0.0000	0.8368	0.0375	0.1204
LSR	896	0.0000	0.8478	0.0608	0.1306
TSR	896	0.0613	1.0000	0.7762	0.2330
BDS	896	5①	15	8.4252	1.8275
IND	896	0.29	0.67	0.3833	0.0598
MET	896	3	33	10.8672	4.6316
WFM	896	0	1	0.7924	0.4058
FMR	896	0	0.56	0.1619	0.1211
WB	896	0	1	0.3225	0.4677
MS	896	23.4100	2037.5500	242.5884	209.1271
MH	896	0.0000	0.6300	0.0840	0.1512
SIZE	896	18.9394	25.9847	22.1317	1.0919
DBR	896	0.0080	1.2261	0.3449	0.1856
GROWTH	896	−0.536685	33.0601	0.2610	1.3927

（2）股权结构治理变量。样本企业前十大股东持股比例的均值为 57.34%，这与第五章我们对全部文化及相关产业上市公司股权治理数据的统计结果类似，较高的股权集中分布在广播电视卫星传输服务、其他出版业、图书出版、电影放映、西乐器制造行业，第一大股东平均持股均在 50% 以上。股权制衡度的均值为 104.77%，和 1 大体保持水平，说明第二到第十大股东持股比例之和与第一大股东持股比例相当，股权高度集中在第一大股东手中。股权制衡度

① 由国泰安 CSMAR 数据库直接获得的数据进行的描述性统计发现，董事会规模最小值是 4，查阅发现，是天舟文化股份有限公司 2014 年董事会规模。如确实如此是不符合《公司法》规定的，属于不合规。于是作者通过中财网查阅了这家企业 2014 年的年度报告，年度报告显示，公司有 5 名董事，因此，在该表中，我们直接把该值改成 5。详情见 http://stock.cfi.cn/p20150409003977.html。

的标准差为91.66%，差距非常明显，远远高于其他变量，说明我国上市文化企业在股权制衡方面存在着不小的差异。国有股比例的均值为3.75%，从平均值来看，国有股比例较低，但不同企业间的差别较大，最大值是83.68%，意味着在一些国有企业中，国有股的比重较大。法人股比例的均值为6.08%，相对而言比例较低，最大值为84.78%，最小值为0，标准差是13.06%，不同企业间的差别较大。而流通股比例均值为77.62%，相对法人股和国有股比例较高，说明我国文化及相关产业上市公司股票的流动性较高，但个别企业的流通股比例较低，不足10%，最高的是全流通。

（3）董事会结构治理变量。样本企业董事会规模的平均值为8.4252，这说明董事会平均人数为8~9人，其中，最大规模为15人，最小规模仅为5人，均符合《公司法》的相关规定。独立董事比例的平均值为38.33%，独立董事比例的标准差为0.0598，说明独立董事比例较为稳定，基本维持在均值左右。董事会会议每年召开的次数为3~33次，平均在10次左右，表明样本公司召开董事会频率较高；另外，董事会会议的标准差比较大，说明各个企业所召开的董事会会议的次数不尽相同，存在较大的差异。在女性董事方面，大约有80%的企业董事会中存在女性成员。女性董事比例最高为56%，超过董事会成员的一半，最低为0，这说明即使女性在社会中的地位有所变化，但仍然存在董事会中仅有男性董事的现象。但女性董事比例的平均值仅有16.19%，尽管大部分企业存在女性董事，但女性董事所占比例还较低，标准差较低，说明不同企业之间女性董事比例差异不大，整体都处于较低的水平。

（4）高管薪酬治理变量。样本公司前三名高管的货币薪酬总额的最大值为2037.55万元，而最小值仅为23.41万元，总方差为209.1271，表明不同公司之间高管货币薪酬差异性很大。总体样本的平均值为242.5884万元，平均每位高管的货币薪酬大约为80.8628万元，由此可见，上市文化公司高管的货币薪酬水平还是很高的。高管的持股比例最大值高达为63%，最小值仅为0，标准差为0.1512，总体样本的持股比例均值仅为8.4%，说明大部分的公司高管零持股，也能直接看出我国上市文化公司对于高管股权激励力度比较小。

（5）控制变量。样本企业资产规模均值为22.1317，标准差为1.0919，说明样本企业已经初具规模，但不同企业间的规模存在较大差异，传统行业、国有文化企业相对规模较大，而一些新兴产业、民营企业相对规模较小。资产负债率的平均值为 34.49%，最大值为 122.61%，最小值仅为 0.8%，从整体上看，样本企业的资产负债率较低，这是由文化企业高风险、轻资产缺乏抵押资产等原因造成的；总资产增长率的平均值为 26.10%，最大值为 33.06%，最小值为 −53.67%，个别企业还存在负增长的情况，但整体来看样本文化企业的成长性较好，在近年来国家和各级政府高度重视文化产业发展的大背景下，文化企业如雨后春笋般快速成长，但传统文化企业与新兴文化企业的成长能力差异显著。

为检验各变量间的相关程度，首先对各变量进行了皮尔森（Pearson）相关性检验，如表 6–3 所示。由表中数据可知，在股权结构方面，股权集中度与企业绩效间呈正相关关系，并在 5% 的置信水平下通过了显著性检验；股权制衡度与企业绩效间呈负相关关系，并在 10% 的置信水平下通过了显著性检验；国有股比例与企业绩效呈正相关关系，在 10% 的置信水平下通过了显著性检验；法人股比例与企业绩效呈正相关关系，流通股比例与企业绩效呈负相关关系，但均没有通过显著性检验。关于董事会特征，董事会规模与企业绩效间呈正相关关系，且在 10% 的置信水平下通过了显著性检验；独立董事比例和董事会会议次数均与企业绩效间呈负相关关系，且分别在 10% 和 5% 的置信水平下显著；董事长与总经理两职合一、是否存在女性董事以及女性董事比例均与企业绩效间呈现负相关关系，但均未通过显著性检验。关于高管激励机制，高管货币薪酬与企业绩效间呈正相关关系，高管持股比例与企业绩效间呈负相关关系，但均未通过显著性检验。

表 6-3 主要变量间 Pearson 相关性检验

变量	ROA	CRTE	Z	SSR	LSR	TSR	BDS	IND	WB	MET	WFM	FMR	MS	MH
ROA	1													
CRTE	0.170**	1												
Z	-0.095*	-0.062	1											
SSR	0.053*	0.176**	-0.045	1										
LSR	0.045	0.223**	0.202**	-0.002	1									
TSR	-0.049	-0.367**	-0.261**	-0.373**	-0.546**	1								
BDS	0.080*	0.005	0.020	0.178**	-0.087**	0.113**	1							
IND	-0.067*	0.065	-0.112**	-0.067*	-0.029	-0.072*	-0.520**	1						
WB	-0.064	0.021	0.046	-0.130**	0.067*	-0.161**	-0.222**	0.157**	1					
MET	-0.104**	-0.154**	0.262**	-0.070*	0.090**	-0.142*	0.008	-0.001	0.017	1				
WFM	-0.018	0.034	-0.013	-0.028	0.030	-0.102**	0.062	-0.028	0.029	0.035	1			
FMR	-0.039	0.016	0.028	-0.076*	0.059	-0.107**	-0.040	0.003	0.097**	0.015	0.684**	1		
MS	0.012	-0.153**	0.173**	0.035	-0.046	0.073*	0.145**	-0.105**	-0.121**	0.207**	0.007	-0.014	1	
MH	-0.024	0.167**	0.025	-0.156**	-0.013	-0.437**	-0.218**	0.186**	0.472**	0.042	0.095**	0.109**	-0.080*	1

注：***、**、* 分别表示在 1%、5% 以及 10% 水平上显著，下同。

二、总样本的回归分析

1. 模型的确定

表 6-4 和表 6-5 列示了固定效应 F 检验结果和 Hausman（豪斯曼）检验结果。F 检验的 P 值为 0.0000，可以在 1% 的置信度水平下拒绝原假设，即接受固定效应模型，拒绝混合效应模型。Hausman 检验的结果显示在 1% 的显著性水平下拒绝了原假设，表明在随机效应模型和固定效应模型中，固定效应模型更加合适。因此，本文将选择固定效应模型来研究各公司治理机制与企业绩效的关系。同时，由于本书所选择的面板数据年限只有 7 年，时间较短，个体数量相对较多，截面之间易出现序列自相关和异方差，为了控制这两个因素对实证分析的影响，得到更为有效的实证结果，采用按截面加权的广义最小二乘法（EGLS）来估计模型，并采用按截面加权的面板修正标准差（PCSE）估计法校正面板数据回归结果的标准误差。

表 6-4　固定效应和 F 检验结果

Effects Test	Statistic	d.f.	Prob.
Cross-section F	6.132564	(127,748)	0.0000

表 6-5　Hausman 检验结果

Test Summary	Chi-Sq.Statistic	Chi-Sq.d.f.	Prob.
Cross-section random	23.375380	7	0.0000

运用 Eviews11.0，选择固定效应模型，对模型进行回归分析，得到的结果如表 6-6 所示。

表 6-6　文化及相关产业上市公司解释变量与企业绩效的回归分析

变量	ROA
C	-1.4981**
CRTE	0.4399***
SQRCRTE	-0.2867***
Z	-0.0515***
SQRZ	0.0055***
SSR	0.0540**
LSR	-0.0288
TSR	-0.0629***
BDS	0.0029
IND	-0.0789**
WB	-0.0095***
MET	0.0011*
WFM	-0.0040
FMR	-0.0179
MS	0.1980**
MH	-0.0220
SIZE	0.0051*
DBR	-0.1501***
GROWTH	0.0017
Adj.R^2	0.8185
F	10.8710***
N	896

从表 6-6 可以看出，模型的 F 值为 10.8710，在 1% 的置信度水平下通过了显著性检验。调整的 R^2 为 0.8185，说明回归方程对观测值的拟合程度还

不错。

2. 股权结构对企业绩效影响的结果分析

股权集中度与企业绩效间的非线性关系在1%的显著性水平下通过了检验，二次方的系数为-0.2867，说明上市文化企业的股权集中度与企业绩效之间存在一种倒U形关系，假设1得到验证。这说明，在样本文化及相关产业上市公司中，股权集中度发挥了良好的治理效果，既保证了控股股东能够积极有效地监督企业的管理层，也不会造成控股股东为了自身利益牺牲小股东的问题。

从股权制衡度与企业绩效的回归结果来看，股权制衡度与企业绩效间的线性关系与非线性关系都在1%的显著性水平下通过了检验，二次项的系数为0.0055，说明股权制衡度和企业绩效之间存在一种正U形关系，与假设2提到的倒U形关系不相符。这种关系说明在合理的一定范围内的股权制衡水平才能对企业绩效产生积极的影响。比如，随着股权制衡度的日益增加，股东利益不一致的问题就会越来越明显，增加了企业的代理成本，使企业绩效下降。由描述性结果可知，文化及相关产业上市公司的股权制衡度均值为1.0477，最大值为5.3983，它的标准差较高，数据比较分散，股权制衡度高的样本公司很少。所以在文化及相关产业中，股权制衡度与企业绩效之间才会呈现这一特殊的正U形关系。

从股权性质与企业绩效的回归结果来看，国有股比例与企业绩效之间存在正相关关系，且在5%的水平下通过了显著性检验，假设3因此得到验证。而法人股比例与企业绩效的线性关系未能得到验证，假设4不能成立。最后，流通股与企业绩效的结果表明，文化及相关产业上市公司流通股比例与企业绩效之间存在一种负的线性关系，这种线性关系在1%的置信水平下通过了显著性检验，说明流通股在公司治理中发挥着负面作用，流通股比例的增加会导致企业绩效的下降，假设5得到有效验证。

3. 董事会结构对企业绩效影响的结果分析

从董事会结构特征与企业绩效的回归结果来看，董事会规模与企业绩效间的回归系数为0.0029，且在5%的置信水平下通过了显著性检验，意味着董事会规模对企业绩效具有显著的正面影响，假设6得以验证。文化企业具有双重属性，尤其是其意识形态属性事关重大，加之其轻资产、高风险等特征，更使得文化企业的经营有着较大的不确定性与风险，在文化产品的推出方面需要经过更谨慎的考虑。因此，需要董事会成员间充分发挥各自的优长、能力和资源，董事会规模的扩大，董事们的专业知识和管理技能越多元化，董事会内部结构越健全，在制定决策时考虑的因素也就越全面，从而能够尽可能地保证企业的产品或服务符合主流意识形态并为市场所接受，进一步提升企业的社会效益和经济效益。

独立董事比例与企业绩效之间的相关系数为 -0.0789，且在 5% 的置信水平下通过了显著性检验，这表明独立董事并未发挥预期中的治理效果，对企业绩效具有负面影响，从而假设 7 得到了验证。对于独立董事建设有效性的问题，李维安教授和郝臣（2015）曾指出，中国上市公司独立制度存在被动合规的现象，独立董事制度已成为制约上市公司董事会治理以及公司治理有效性的关键因素。具体包括以下问题，如制度建设被动合规、独立董事不独立、独立董事不专业、问责机制缺失、兼职过多等问题[①]。近年来，尽管证监会等有关机构对独立董事制度进行了完善，对个人担任独立董事的上市公司数量进行了限制，但在提名、独立董事来源、问责机制等方面还有很多有待完善的问题。对于文化及相关产业的上市公司，其独立董事的选聘除了满足一般性的要求外，还需要在文化专业性上有更高的要求，以便更好地发挥作用。

董事会两职合一与企业绩效之间的相关系数为 -0.0095，且在 1% 的置信水平下通过了显著性检验，假设 8 得到了有效验证。这意味着在文化及相关产业上市公司中董事长与总经理由一人担任时，对企业绩效有显著的负面影响。董事长的职责之一就是代表股东对高管层进行监督，而当董事长与总经理由同一人担任时，这种监督职责便会消失，权力的交织很难发挥董事长的监督作用。

从董事会行为特征与企业绩效的回归结果来看，董事会的会议次数与企业绩效之间的相关系数为 0.0011，且在 10% 的置信水平下通过了显著性检验，假设 9 得到验证，说明在文化及相关产业上市公司中，董事会会议有效地发挥

---

① 李维安、郝臣：《公司治理手册》，清华大学出版社 2015 年版，第 190—192 页。

了治理作用，有利于企业绩效的提高。无论是董事会例行会议，还是临时会议，都有利于董事相互之间加强联系、沟通，不仅可以对董事会议题进行充分的讨论，还能进行其他信息、资源的沟通。尤其是在当前国家大力发展文化产业的背景下，董事会召开会议有利于更好地把握各种文化政策和主流意识形态导向对企业经营的影响。

从董事会成员的性别特征与企业绩效的回归结果来看，本文选取的两个指标（是否存在女性董事与女性董事比例）与企业绩效之间的相关系数均为负值，但也同时没有通过显著性检验，假设 10 未能得到有效验证。作者认为，这主要是由于现阶段女性独立董事比例过低造成的，董事会中较少的女性成员限制了女性董事作用的发挥。

4. 高管激励机制对企业绩效影响的结果分析

从高管货币薪酬与企业绩效的回归结果来看，文化及相关产业上市公司的高管货币薪酬与企业绩效的回归系数为 0.1980，同时在 5% 的置信水平下通过了显著性检验，这表明高管货币薪酬与企业绩效间存在线性的正向关系，即在文化及相关产业上市公司中，通过提高高管的货币薪酬能提升企业绩效，假设 11 得到了验证。

从高管股权激励与企业绩效的回归结果来看，文化及相关产业上市公司高管股权薪酬与企业绩效的回归系数为 −0.0220，且没有通过显著性检验。因此，在文化及相关产业上市公司中高管股权激励对企业绩效具有正向影响这一观点并不成立，假设 12 未得到验证。同时，高管股权激励的平方项系数为 0.0535，也未通过显著性检验，这与现阶段实施股权激励的文化及相关产业上市公司较少，且股权激励力度、配套措施不完善直接相关。

为了更好地验证公司治理机制在不同样本企业中发挥的作用，本书在总体样本回归的基础上，把样本公司按照所有制性质、行业性质、地区进行了分组回归。

三、不同所有制企业的分样本回归分析

根据实际控制人的不同，上市企业可分为国有上市企业与非国有上市企业。这两类上市企业由于具有不同的产权基础，在企业的管理体制与经营决策上也具有较大不同，各治理机制对企业绩效的影响程度也因此可能产生较大的

差异。而对我国文化及相关产业上市公司来说，这种差异还会因为文化产业所特有的意识形态属性得到进一步的扩大。我们对样本公司按照所有制性质进行了分组，其中国有文化及相关产业上市公司有 46 家，非国有文化及相关产业上市公司有 62 家。表 6-7 列示了对我国国有上市文化企业和非国有上市文化企业的股权结构、董事会特征和高管激励与企业绩效关系的回归结果。对比国有上市文化企业与非国有上市文化企业的回归结果，可以发现，在不同的所有权性质下，各解释变量确实会对上市文化企业的绩效产生不同程度的影响。

表 6-7 不同所有制文化及相关产业上市公司解释变量与企业绩效的回归结果

变量	ROA	
	国有	非国有
C	−0.7988**	−0.9248**
CRTE	0.0512	0.6104***
SQRCRTE	−0.0552	−0.3960***
Z	−0.0174**	−0.0653***
SQRZ	0.0016	0.0065***
SSR	0.0776**	−0.0378
LSR	−0.0185	−0.0152
TSR	−0.0797	−0.0496*
BDS	0.0017	0.0048*
IND	−0.0666**	−0.0947
WB	−0.0044	−0.0212***
MET	0.0009*	0.0014*
WFM	−0.0007	−0.0016
FMR	−0.0249	−0.0383
MS	0.1496	0.0831**
MH	−0.0272	−0.0973

续表

变量	ROA	
	国有	非国有
SQRMH	–8.0716	0.2021
SIZE	0.0115***	0.0191***
DBR	–0.0804***	–0.1942***
GROWTH	0.0003	0.0070*
Adj.R^2	0.8024	0.7443
F	21.0575***	10.5351***
N	322	574

1. 对国有文化及相关产业上市公司样本的回归分析

在股权结构治理方面，国有企业的股权集中度与企业绩效不再呈现出显著的相关关系，无论是线性关系，还是非线性关系，均没有通过显著性检验，假设 1 没有得到验证。此外，与全样本的回归结果明显不同，国有上市文化企业的股权制衡度与企业绩效不再是非线性关系，而是呈现出显著的线性关系，并且是一种负向的线性关系，即国有上市文化企业的股权制衡度的增加会带来企业绩效的下降。产生这一现象的原因在于国有上市文化企业所特有的行政级别会增强企业第二至第十大股东在企业经营决策中的话语权，股权制衡度的效用就会被放大，进而影响到企业的经营绩效。随着股权制衡度的增加，股东利益不一致的问题就会越来越明显，增加了企业的代理成本，使企业绩效下降，假设 2 没有得到验证。从股权性质来看，回归结果表明国有文化及相关产业上市公司的国有股比例与企业绩效间的相关系数为 0.0776，且在 5% 的置信水平上通过了显著性检验，说明在国有文化及相关产业上市公司中，国有股的存在发挥了良好的积极的治理效果，并对企业绩效的提升产生了正向影响，这一影响的发挥，与国有股在把握主流意识形态上发挥正面社会效益息息相关。法人股比例与企业绩效均没有显著的相关性，这与总样本的回归结果一致。流通股比例与企业绩效也没有显著的相关性，说明流通股未发挥正面的治理效果，与流通股比例较低有关。

在董事会治理方面，董事会规模与企业绩效的相关系数为 0.0017，但并不显著，说明董事会规模对企业绩效并没有产生显著的影响，与总样本结果不一致。董事长与总经理两职合一与企业绩效间并没有显著的相关性，这是因为，从前文对文化及相关产业上市公司的统计来看，在国有上市企业中，两职合一的现象仅存在于为数很少的个别企业中。董事会会议次数与企业绩效间呈现显著的正相关关系，女性董事与企业绩效并未有显著的相关性，独立董事比例与且绩效呈现显著的负相关关系，这与总样本的回归结果一致。

在高管激励机制治理方面，高管货币薪酬激励与企业绩效间的相关系数为 0.1496，但并不显著，高管的货币薪酬激励效果不再显著，假设 11 未得到验证，这与国有企业中高管薪酬普遍相对较低有关。在国有企业中，高管人员具有“政商”双重身份，职务晋升的激励效应会让人降低对薪酬的要求，而相对低的薪酬激励的效果便不会很明显。股权激励与企业绩效的相关系数为 -0.0272，并不显著，说明在国有文化及相关产业上市公司中，股权激励的治理效果也不明显，这主要源于在国有文化及相关产业上市公司中，实施股权激励的企业极少。

2. 对非国有文化及相关产业上市公司样本的回归分析

在股权结构治理方面，股权集中度和股权制衡度对企业绩效的影响与全样本的回归结果相一致。非国有文化及相关产业上市公司的股权集中度与企业绩效呈现显著的倒 U 形关系，假设 1 得到验证；股权制衡度与企业绩效呈现显著的正 U 形关系，假设 2 未得到验证。流通股比例与企业绩效呈现负相关关系，在 10% 的显著性水平下得到检验。而国有股比例、法人股比例对企业绩效没有显著的影响，这是由国有股比例、法人股比例较低引起的。

在董事会治理方面，董事会规模、董事会会议次数以及董事会两职合一与企业绩效间的关系均通过了显著性检验。具体来说，董事会规模在 10% 的置信水平下与非国有文化及相关产业上市公司绩效呈显著的正相关关系，董事会规模增大会带来专业知识与管理技能的多元化，进而提高企业的经营绩效。董事会两职合一在 1% 的置信水平下与企业绩效呈显著的负相关关系，表明董事长和总经理由一人担任对企业绩效的提升有显著的负面影响。女性董事与企业绩效仍无显著的相关关系。

在高管激励机制治理方面，高管激励与企业绩效间的相关系数为 0.0831，且在 5% 的置信水平上显著，这与非国有文化及相关产业上市公司灵活的薪酬制度相关，而且说明灵活的薪酬体系能够对高管起到很好的激励效果；但是股权激励的治理效果在非国有文化及相关产业上市公司中也未体现，可能仍与股权激励水平较低有关。从而，假设 11 在非国有文化及相关产业上市公司样本中得到验证，但假设 12 未得到验证。

四、不同产业企业的分样本回归分析

按照行业类别划分，可以把文化产业分为文化服务业、文化批发和零售业、文化制造业。由于所提供的产品和服务性质的差别，不同行业的文化企业在治理中会呈现一定的差异。为此，本书把总样本据此进行了分类，分别得到 90 家文化服务业企业、4 家文化批发与零售业企业、34 家文化制造业企业。表 6-8 列示了不同产业文化及相关产业上市公司解释变量与企业绩效的回归结果。

表 6-8　不同产业文化及相关产业上市公司解释变量与企业绩效的回归结果

变量	ROA		
	文化服务业	文化批发和零售业	文化制造业
C	−0.5939	0.7377	−2.3752***
CRTE	0.7800***	0.8835**	0.1575*
SQRCRTE	−0.5366***	−0.4350	−0.0842
Z	−0.0601***	−0.1399**	−0.0293**
SQRZ	0.0064***	0.0184	0.0015
SSR	0.0675**	3.6484	0.0314
LSR	−0.0275	−2.6002***	0.0396
TSR	−0.0671**	−2.8399***	0.0214
BDS	0.0054***	−0.0429	0.0022*

续表

变量	ROA		
	文化服务业	文化批发和零售业	文化制造业
IND	−0.0018**	−1.1654	−0.1507***
WB	−0.0190***	−0.0244**	−0.0051
MET	0.0003*	−0.0008	0.0005
WFM	−0.0023	0.0158	0.0032
FMR	−0.0624	−0.2478	0.0476
MS	0.0467*	0.5675*	0.3318***
MH	−0.0069	3.7466	−0.1669
SQRMH	−0.1043	−306.7631*	0.4241
SIZE	0.0065**	−0.0549***	0.0001
DBR	−0.1405***	−0.0205	−0.1474***
GROWTH	0.0013	0.0121	0.0283***
Adj.R^2	0.8497	0.9753	0.5916
F	8.0433***	47.3473***	7.4786***
N	630	28	238

1. 对文化服务业上市公司样本的回归分析

在股权结构治理方面，其与全样本回归结构基本类似，假设 1、假设 3、假设 5 得到验证，假设 2 和假设 4 未得到验证，说明在文化服务业上市公司中，股权集中度与企业绩效之间存在倒 U 形关系，国有股比例对企业绩效有显著的正向影响，流通股对企业绩效具有显著的负面影响，股权制衡度与企业绩效呈现正 U 形关系，法人股的治理效果也未体现。

在董事会治理方面，董事会规模与企业绩效的相关系数为 0.0054，且在 1% 的置信区间显著，说明在文化服务业上市公司中，董事会规模适度，发挥了良好的治理效果；独立董事比例与企业绩效的相关系数为 −0.0018，且在 5%

的置信区间显著，说明在文化服务业中，独立董事也未发挥预期的治理作用；董事长与总经理两职合一与企业绩效的相关系数为 -0.0190，且在 1% 的置信水平上显著，说明两职合一对企业绩效具有显著的负面影响；女性董事对企业绩效仍没有显著影响。

在高管激励机制治理方面，高管货币薪酬激励与企业绩效间的相关系数为 0.0467，且在 1% 的置信水平上显著，说明货币薪酬激励发挥了正面的治理作用，但股权激励并未发挥预期效果，这与行业性质并无太大的关系，还是与股权激励水平低相关。

2. 对文化批发和零售业上市公司样本的回归分析

在股权结构治理方面，股权集中度、股权制衡度与企业绩效的相关系数分别为 0.8835、-0.1399，且皆在 5% 的置信水平上显著；国有股与企业绩效的相关系数为 3.6484，但并不显著，法人股和流通股均在 1% 的置信水平上对企业绩效具有显著的负面影响。

在董事会治理方面，除董事长与总经理两职合一在 5% 的置信水平上对企业绩效具有显著的负面影响，其他董事会治理变量与企业绩效均不存在显著的惯性系。

在高管激励机制治理方面，高管货币薪酬激励与总体样本回归结果相似，且在 10% 的置信水平下通过显著性检验，呈现出倒 U 形的特征，假设 11 得到验证。高管股权激励二次项也在 10% 的置信水平下通过显著性检验。

对文化批发和零售业上市公司样本的回归分析结果与总样本的回归结果相差较大，我们认为这并不是由行业特殊性引起的，主要是因为样本量较小造成的偏差。

3. 对文化制造业上市公司样本的回归分析

在股权结构治理方面，股权集中度、股权制衡度与企业绩效间的相关系数分别为 0.1575 和 -0.0293，分别在 10% 和 5% 的置信水平上显著，二次项均不显著，说明股权集中度对企业绩效具有显著的正向影响，而股权制衡度对企业绩效具有显著的负向影响；国有股比例与企业绩效间的相关系数为 0.0314，但并不显著，这可能是因为在文化制造业中非国有企业较多，国有股平均比例较低；法人股和流通股与企业绩效间并不存在显著的相关关系。

在董事会治理方面，董事会规模与企业绩效间的相关系数为 0.0022，且在 10% 的置信水平上显著，说明在文化制造业中，董事会规模适度，发挥了正面的治理作用，有利于企业绩效的提升；独立董事与企业绩效的相关系数为 -0.1507，且在 1% 的置信水平上显著，说明文化制造业企业中独立董事对企业绩效具有负面影响，独立董事的预期治理作用并未有效发挥；其他治理变量如董事长与总经理两职合一、董事会会议次数、女性董事等均与企业绩效间未呈现显著的相关关系，治理效果不显著。

在高管激励机制治理方面，高管货币薪酬激励与企业绩效间的相关系数为 0.3318，且在 1% 的置信水平上显著，说明在文化制造业上市公司中，高管货币薪酬激励效果显著；但股权激励与企业绩效并无显著相关性，激励效果未显现，仍源于激励比例较低。

五、不同地区企业的分样本回归分析

东中西部地区的文化资源要素、人力资本、文化产业专业化程度存在较大的差异，导致我国文化产业发展水平存在显著的区域差异，表现在这些差异不仅体现为上市公司的数量、企业技术发展水平、产品和服务内容等方面，也体现在内部管理水平、公司治理的完善程度上。为此，我们把样本公司按照办公地址所属地区的不同分成东部、中部和西部三个样本，分别有 101 家、16 家、11 家。表 6-9 列示了不同地区文化及相关产业上市公司解释变量与企业绩效的回归结果。

表 6-9　东中西部地区文化及相关产业上市公司解释变量与企业绩效的回归结果

变量	ROA		
	东部	中部	西部
C	-1.0054	1.2393	-4.6272*
CRTE	0.3708***	0.7353***	-0.2524
SQRCRTE	-0.1892*	-0.5413***	0.2191
Z	-0.0436***	-0.0621***	0.0051

续表

变量	ROA		
	东部	中部	西部
SQRZ	0.0035**	0.0062*	−0.0020
SSR	0.0421*	−0.0156	0.7541
LSR	−0.0269	−0.0178	0.7889
TSR	−0.0568**	−0.0253	0.7261
BDS	0.0036**	0.0033	0.0026
IND	−0.1467***	−0.0021	−0.0006
WB	0.0089**	0.0082	0.0017
MET	0.0008*	0.0020**	−0.0006
WFM	0.0083	0.0084	0.0086
FMR	−0.0271	−0.0042	−0.0224
MS	0.1464*	−0.2203	0.5842**
SQRMS	−0.0056	0.0078	−0.0193*
MH	−0.0383	−0.7201	2.5793
SQRMH	0.0180	1.9200	231.3152
SIZE	0.0044*	0.0093	−0.0176
DBR	−0.1581***	−0.1406***	−0.0951
GROWTH	0.0012	0.0035	0.0812***
Adj.R^2	0.8919	0.7696	0.6045
F	9.6952***	11.5944*	4.8727**
N	707	112	77

1. 对东部地区上市公司样本的回归分析

在股权结构治理方面，股权集中度与企业绩效的二次项关系在 10% 的置信水平下通过显著性检验，表明股权集中度与企业绩效之间有着倒 U 形的关系，假设 1 得以验证，适度的股权集中度能够有效发挥治理作用。股权制衡度与企业绩效的正 U 形关系在 5% 的置信水平下也通过了显著性检验。这与总样本的实证结果一致，假设 2 未得到验证。国有股比例与企业绩效间的相关系数为 0.0421，且在 10% 的水平下显著，这与东部地区国有文化及相关产业数量较多相关，法人股与企业绩效间并未呈现显著的相关性，而流通股却与企业绩效间的相关系数为 -0.0568，且在 5% 的置信水平上显著，说明较低比例的流通股并不能发挥有效的治理作用，对企业绩效产生了负面影响。

在董事会治理方面，除女性董事比例和董事会是否有女性董事的变量外，其余董事会特征的解释变量均与企业绩效间呈显著的相关关系。其中，董事会规模与董事会两职合一均在 5% 的置信水平下与企业绩效呈正相关关系；董事会会议次数在 10% 的置信水平下与企业绩效呈正相关关系；独立董事比例在 1% 的置信水平下与企业绩效呈负相关关系。

在高管激励机制治理方面，高管货币薪酬与企业绩效的相关系数为 0.1464，且在 10% 的水平上显著，说明东部地区文化及相关产业上市公司的高管薪酬有着较好的激励效果，假设 11 得到验证；但股权激励对企业绩效并没有显著的相关惯性系，假设 12 未得到验证。

2. 对中部地区上市公司样本的回归分析

在股权结构治理方面，股权集中度与企业绩效之间的倒 U 形关系在 1% 的置信水平下通过显著性检验，假设 1 得到验证。股权制衡度与企业绩效之间的非线性关系，在 1% 的置信水平下通过显著性检验，与总样本实证结果一致。在股权性质方面，国有股比例、法人股比例和流通股比例与企业绩效均未表现出显著的相关性。

在董事会治理方面，仅有董事会会议次数在 5% 的置信水平下与企业绩效呈正相关关系，其余变量均与企业绩效间不存在显著相关关系。

在高管激励机制治理方面，高管货币薪酬激励和高管股权激励部分回归结果均呈现其与企业绩效不显著的特征，假设 11、假设 12 均未得到验证。

3. 对西部地区上市公司样本的回归分析

对于西部地区的上市文化企业，无论是在股权结构方面，还是董事会特征方面，解释变量与企业绩效间的关系均不显著。仅高管货币薪酬激励在 5% 的置信水平上对企业绩效具有正向影响，假设 11 得到验证。

如前所述，东、中、西部的子样本回归结果间呈现较大差异，结果显示，中部和西部地区的子样本中大多数公司治理机制的解释变量与企业绩效间并未呈现显著的相关性，我们认为产生这种结果的主要原因在于中西部地区样本量过少，中部地区只有 16 家，西部地区只有 11 家，样本量少，可能导致个别数据波动却直接影响回归结果现象的发生，使得结果失真。

第七章

结论、政策建议与进一步研究展望

意识形态属性赋予了文化企业公司治理的特殊性，因此，文化企业尤其是国有文化企业要充分重视社会效益，把社会效益放在第一位、兼顾经济效益。为了更好地引导文化企业发挥积极的社会效益并最大化经济效益，结合前文对文化及相关产业类上市公司治理数据的整理以及实证研究的结果，本章将多方面提出一些进一步完善文化企业公司治理的对策建议。

第一节　主要结论

一、双重属性、两个效益的辩证统一

文化企业是文化产业的重要载体和平台，是文化产品和服务的提供者。文化产业不是一般的经济形态，作为产业，其具备产业发展的一般性，要遵循经济活动的一般规律，遵循投入—产出—再投入—再产出的良性循环，向市场提供丰富多样的文化产品和文化服务，实现和保证一定的经济效益才能保证基本的生存，否则就会在激烈的市场竞争中被淘汰。同时，文化产业还具备意识形态属性，通过消费者对文化产品和服务的内容消费能够影响消费者思想精神和整个社会思想文化，进而影响经济属性和经济效益。文化产品如果具有健康、文明、科学、先进的文化内容，就能够促进文化产业的发展，有利于文化企业获得较大的经济效益；相反，如果没有健康、文明、科学、先进的文化内容，就会阻碍文化产业的发展，也不可能获得良好的经济效益。而良好的经济效益则能够助推社会效益的发挥，能够为社会效益提供广大、更好的平台。双重属性和两个效益是文化产业区别于其他产业最重要的特色，同时，文化产业还具有创意性、轻资产、可持续发展性、风险性高等特征。

二、文化及相关产业上市公司的基本情况

截止到 2019 年 12 月 31 日，我国共有 237 家文化及相关产业上市公司，自 1990 年以来，文化及相关产业上市公司出现了三次上市高峰期，分别为 1997 年、2010 年和 2016—2017 年，年度文化及相关产业上市公司的数量与国家对文化产业的重视、支持政策以及资本市场的起落息息相关。

从地区分布看，这些上市公司在东中西部地区呈现明显的差异，西部和中部地区较少，东部地区较多，数量远远超过了西部和中部的总和；广东省、北京市、浙江省三个地区的文化及相关产业上市公司的数量最多；甘肃省、海南省、宁夏回族自治区、新疆维吾尔自治区和云南省这5个地区都各只有1家，除海南省外，其余4个地区均位于西部。

从行业分布看，内容创作生产行业的公司数量最多，处于明显优势地位；文化辅助生产和中介服务行业、创意设计服务行业的公司数量排在第二位和第三位；新闻信息服务、文化娱乐休闲服务、文化装备生产三个行业的上市公司数量较少。

从不同所有制来看，民营企业占比超过一半，属国资控股、地市国资控股、央企国资控股的企业分别排在第二、第三、第四位，外资文化及相关产业上市公司数量较少，集体企业的数量是最少的，只有1家。

从实际控制人来看，实际控制人为自然人的上市公司最多，这与文化及相关产业上市公司中民营文化企业数量偏多有关系；次之是地方政府、事业单位、国有企业、中央政府、民营企业为实际控制人以及无实际控制人的企业。

从上市地点看，深交所上市的公司较多，有158家，占总量的67%；上交所上市公司有79家，占总量的33%。上交所上市公司数量长期以来较为稳定，而深交所上市公司数量波动较大。

此外，共有27家公司受到过特别处理风险警示，截至2021年11月1日，有26家公司已经撤销风险警示，目前只ST网力仍然处于特别处理风险警示。由于IPO的限制因素，近年来借壳上市企业越来越多，文化及相关产业的公司也迎来了借壳上市的热潮，先后有25家企业通过借壳上市。

三、双重属性对公司治理的特殊要求

文化企业要保证健康、持续发展壮大，需要在经营中切实处理好双重属性和两个效益的关系，这对其公司治理提出了特殊的要求和挑战。要坚持社会效益优先、社会效益和经济效益相统一的原则，在这一前提下，结合公司治理经典理论探索适合文化企业的治理机制。

从治理主体看，在一般的公司治理结构中，治理主体主要是股东大会、董事会、监事会和经理层。而在国有文化企业的治理中，党委会也要参与公司治理，这有利于在最大限度上保持国有文化产品的意识形态安全，但又不会直接

干预企业的日常经营管理，企业拥有极大的经营自主权。

从特殊管理股的试行看，试行主要在传媒企业展开，大多实行了双层股权结构。特殊管理股的实施一方面有助于国有与民营出版传媒企业的合作，有助于同时发挥价值导向和市场机制作用；另一方面可以为互联网企业的监管和传统媒体转型提供参考依据。也就是说，特殊股权结构设计可以促成文化企业意识形态属性与经济性的完美融合。

从董事会专业委员会的设置看，在从事内容创作生产传播的文化企业，要建立和完善编辑委员会、艺术委员会等专门机构，强化总编辑等内容把关岗位的职责，对涉及内容导向问题的事项具有否决权。对于编辑委员会、艺术委员会成员的选聘应有更高的要求，除了具有良好的政治素质外，同时必须有较强的专业性、前瞻性，思想意识要领先于时代，只有这样才能引领企业创作和传播吸引社会公众的作品，产生更好的社会效益。

从对高管人员的考核看，由于文化企业背负着引导舆论方向、弘扬民族精神、宣传社会主义核心价值观等社会效益的重担，因此，社会对文化企业的考核不能与其他企业相同，不能主要以经济效益为标准。鉴于此，对高管人员的考察不能搞“唯经济效益论”，不能单纯以资产规模、利润、营业收入等财务指标为考核对象。文化企业高管薪酬激励机制的设置，要充分考虑文化企业自身的特殊性，国有文化企业还要考虑其作为国有企业的特殊地位，要与当前文化发展趋势、行业整体发展水平等相结合，以确保薪酬机制确实能发挥有效的激励约束作用。这就进一步要求在高管考核指标中，要同时包括经济财务指标和非财务指标，非财务指标要充分体现社会效益优先原则。在对国有文化企业高管人员进行评价考核时，可以参照对国有文化企业考核的规定。

四、公司治理现状及存在的问题

在股权治理方面，从股权性质看，大部分文化及相关产业上市公司为非国有企业；从股权集中度看，2019 年度，235 家文化及相关产业上市公司前十大股东平均持股均在 30% 以上，较高的股权集中度有利于企业的稳定发展，但也有可能出现大股东侵害中小股东利益的情况。

在董事会治理方面，我们从董事会规模、董事长与总经理的两职设计、独立董事的聘任、性别多元化、董事会成员的学历结构、会议次数、专业委员会的设置、成员的年龄结构等方面进行了分析，结果发现，文化及相关产业上市公司董事会规模适中，平均为 10.12 人，国有企业董事会规模普遍较大，与企业规模、党委委员参与董事会有关；越来越多的企业选择了董事长与总经理分离的做法，但仍有 34.19% 的企业两职合一，其中大部分是非国有企业，2019 年仅有 8 家国有企业的董事长与总经理由同一人担任；独立董事的人数聘任均符合相关法律法规的规定，国有企业的独立董事人数高于非国有企业，但比例低于非国有企业；女性董事比例仍很低，无论是从数量上，还是从比例上来看，非国有企业中的女性董事都要多于国有企业；具备研究生学历的董事会成员比例越来越高，且非国有企业中的比例高于国有企业；国有企业的董事会的会议次数要低于非国有企业；大部分企业的董事会都设置了审计委员会、薪酬委员会、提名委员会、战略与规划委员会 4 个专业委员会，也有极少数的公司设置了更多的专业委员会，但设置内容专业委员会的企业还较少；董事会皆由不同年龄段的成员组成，大部分集中在 41~50 岁、51~60 岁两个年龄段，但不同年龄段董事的分布在国有企业和非国有企业中有较显著的差别，在 41~50 岁的区间内，国有企业董事会成员比重大大低于非国有企业；在 51~60 岁的区间内，国有企业董事会成员比重则大大高于非国有企业。

在监事会治理方面，我们从监事会规模、性别多元化、成员学历结构、会议次数、成员年龄结构等方面进行了统计分析，结果发现：所有公司均按照《公司法》的规定建立了监事会，规模适中，国有企业监事会规模大于非国有企业；成员中大部分仍是男性，但女性监事比例有逐年增长的趋势，非国有企业中女性监事比例高于国有企业；监事会成员中具备研究生学历的人员所占比重太低，国有企业中这一比例要高于非国有企业；监事会年度召开会议次数较少，非国有企业会议要多于国有企业；国有企业的监事会成员大多集中在 41~60 岁，而非国有企业的监事会成员大多在 50 岁以下。

在高管治理方面，我们从高管规模、性别多元化、学历结构、平均任期、年龄结构、激励机制等方面进行了统计分析，结果发现：高管团队平均规模约为 7 人，国有企业中规模要大于非国有企业；女性成员在晋升中仍面临“玻璃天花板”效应，在高管团队中所占比例较低，但在非国有企业中要高于国有企业；具备研究生学历的人员比例越来越高，非国有企业中这一比例要高于国有企业；高管人员的平均任期不到 3.5 年，国有企业高管人员平均任期普遍高于非国有企业；高管人员大部分集中在 41~50 岁、51~60 岁，其中 51~60 岁的区间比例最高，国有企业平均达到一半以上，非国有企业也接近一半；现阶段，我国文化及相关产业上市公司中对高管人员的奖励通常是货币薪酬和股权薪酬，但前三名高管平均薪酬总额高于上市公司平均水平，国有企业要高于非国有企业，部分企业实施了高管股权激励，但数量还较少，且非国有企业实施的较多，国有企业只有少数几家进行了尝试。

五、不同治理机制的治理效果

在对文化及相关产业上市公司治理现状分析的基础上，本书选取了 2013 年之前上市的 128 家财务数据完整且正常的上市公司作为样本，利用 2013—2019 年 7 年的数据，实证检验了股权结构、董事会特征、高管激励机制对企业绩效的影响。

在实证检验中，选取了总资产收益率（ROA）作为被解释变量，股权结构特征的变量有股权集中度、股权制衡度、国有股比例、法人股比例、流通股比例；董事会特征的变量有董事会规模、独立董事比例、董事长与总经理两职是否合一、董事会会议次数、女性董事比例；高管激励机制的变量有高管薪酬激励和高管股权激励。为尽可能全面、真实地检验不同治理机制的治理效果，在对总样本检验的基础上，还依据样本企业的所有制性质、行业性质、地区分布进行了分组，分别对国有企业与非国有企业样本，文化服务业、文化批发和零售业、文化制造业样本，东部地区、中部地区、西部地区样本进行了检验，结果如表 7-1 所示：

表 7-1　实证检验结果总结表

	假设内容	全样本	国有	非国有	文化服务业	文化批发和零售业	文化制造业	东部	中部	西部
假设 1	股权集中度与企业绩效之间存在非线性关系，且两者之间呈现倒 U 形关系	验证	未验证	验证	验证	未验证	未验证	验证	验证	未验证
假设 2	股权制衡度与企业绩效之间存在非线性关系，且两者之间呈现倒 U 形关系	未验证	未验证	未验证	未验证	未验证	未验证	未验证	未验证	未验证
假设 3	国有股对企业绩效具有正面影响	验证	验证	未验证	验证	未验证	未验证	验证	未验证	未验证
假设 4	法人股对企业绩效具有正面影响	未验证	未验证	未验证	未验证	未验证	未验证	未验证	未验证	未验证
假设 5	流通股对企业绩效具有负面影响	验证	未验证	验证	验证	验证	未验证	验证	未验证	未验证
假设 6	董事会规模对企业绩效具有正面影响	验证	未验证	验证	验证	未验证	验证	验证	未验证	未验证
假设 7	独立董事比例对企业绩效具有负向影响	验证	验证	未验证	验证	未验证	验证	验证	未验证	未验证
假设 8	董事会两职合一对企业绩效具有负向影响	验证	未验证	验证	验证	验证	未验证	验证	未验证	未验证
假设 9	董事会会议次数对企业绩效具有正向影响	验证	验证	验证	验证	未验证	未验证	验证	验证	未验证
假设 10	女性董事对企业绩效具有正向影响	未验证	未验证	未验证	未验证	未验证	未验证	未验证	未验证	未验证
假设 11	高管薪酬激励对于企业绩效具有正向影响	验证	未验证	验证	未验证	未验证	验证	验证	未验证	验证
假设 12	高管股权激励对于企业绩效具有正向影响	未验证	未验证	验证	验证	验证	未验证	未验证	未验证	未验证

第二节 政策建议

一、提升内部治理机制的有效性

1. 加强党的领导

在现代社会，对文化产品创作和进行规范的力量主要来自五个方面：一是社会舆论，社会大众的价值观对文化产品的创作和传播具有约束力；二是专业评价，专业群体是文化产品的专业评价者，运用专业知识和评论阵地约束文化产品；三是文化产品创作和传播者的自觉性，以自身的价值观和道德、法律意识进行自我约束规范；四是文化创作和传播机构的内部治理机构，在机构内部通过规章、制度和人事管理进行治理约束；五是政府，通过法律、法规、规章、制度对文化产品创作和传播者进行约束规范。

上述约束力量具有普遍性，国有、非国有的文化企业都适用。在我国，国有文化企业在所有制结构中起着主导作用，党组织和政府管理部门在国有文化企业治理方面所承担的作用更大。国有文化企业治理是通过内部机制安排来实现外部治理目标，社会效益处于首位，这是其与非国有文化企业、非企业文化机构治理的根本区别。按照中央对国有企业分类管理的要求，文化企业肩负特殊的社会责任，即使是企业，也属于公益类，而不能归入竞争类，甚至功能类也不应当归入。因此，在公司治理方面，一定要加强党对国有文化企业的政治领导。政治领导不仅要体现为组织领导，更要体现为思想领导，以保证国有文化企业的意识形态健康，政治路线和方向正确，文化产品的创作和传播在正确的轨道上运行，具有较强的社会效益。在国有文化企业中党的政治领导高于股东单位的利益追求权，在股东会、董事会中需要突出党的领导，在符合公司法的基础上保证公司决议符合政治原则和方向，考核不仅是对组织的考核，也要考核到党组织领导中的个人，企业中的党组织对上级组织负责，对产品内容有审查权，与一般商业类企业不同。

在此，需要特别注意的一个问题是，对于在国有文化企业中任职的党委委员要有较高的要求。国有文化企业治理不能脱离特定时代的市场。企业要生存，就必须拿出符合消费者需求的产品，而消费者的需求并不都是健康的、积极的、正面的。文化企业肩负引导社会价值观、培育大众健康价值观的责任，产品的教化功能是不容否认的。国有文化企业的从业者除了具有良好的政治素质外，同时必须有较强的专业性、前瞻性，思想意识要领先于时代，只有这样才能创作和传播吸引社会公众的作品，产生更好的社会效益。“取法其上，得乎其中；取法其中，得乎其下”，鉴于国有文化在社会效益贡献方面的重要作用，对国有文化企业的领导者的素质要求，必须高于对非文化企业领导者的要求。

2. 强化各个治理主体的职责

经过对现有文化类上市公司治理数据的整理可知，现有文化类企业基本都设置了完善的公司治理结构，企业内部建立了股东会、董事会、监事会等机构，各个机构相互制衡、各司其职。完善的公司治理内部结构，必须首先发挥好这三个机构的作用，做到相互协调、相互制衡、有机统一。但现实中各机构的执行情况却并不尽如人意，董事会的人员设立存在很多不规范之处，竟然还有企业董事长兼任总经理职务，很难做到决策权与经营权的分离，监事会往往也是经营者的附庸，很难对经营活动做到真正的监督。因此，完善文化企业公司治理，就要进一步完善内部治理结构、明确各个治理主体的职责，尤其是董事会的建设及运行。

首先是董事会人员的选聘。通过第三章对上市文化及相关产业企业公司治理数据的系统整理可知，董事会中文化类专业人员缺乏、女性董事比例较低、大多数的企业未设立内容委员会。因此，要进一步充分发挥董事会的职能，首先要完善其人员结构，增加既懂文化又懂运营的人士作为董事会成员。我国的市场经济改革已进行多年且取得了有目共睹的成效，早已形成了专业的经理人市场，因此，市场上并不缺乏运营水平高的高管人员。但要充分认识到我国经历了很多年的文化事业管理体制，一方面，我们有很多懂文化的文化专家；另一方面，我们的文化专家固然具有深厚的文化专业知识，熟悉不同领域文化的国家政策，但大多数的文化专家对市场化运营并不熟悉。因此，在大力推动文化产业发展的过程中，我们急需要大量既懂文化又懂运营的人才，对企业来说也是如此。所以，在董事会人员的选聘中，需要注重吸收这方面的人员，有能力的企业尤其是国有文化企业要根据自身情况成立内容专业委员会。但从我们的数据整理中发现，尽管《关于推动国有文化企业把社会效益放在首位、实现社会效益和经济效益相统一的指导意见》提出国有文化企业的董事会应设立编辑委员会、艺术委员会等内容专业委员会，但从现实来看，大多数企业尚未设置。因此，为了更好地发挥董事会的职责，除了相关法律法规规定的审计委员会、战略委员会、薪酬与考核委员会外，董事会还应当把内容专业委员会的设置提上日程，吸收专业的董事会成员把控企业运营的意识形态方向和大局。此外，鉴于女性成员参与董事会有利于提升董事会的多元化，推动董事会的平衡问题并加强其独立性[①]，因此，应逐步使能力高的女性成员越来越多地加入董事会。

其次是要进一步提高独立董事的专业性与独立性。独立董事制度最先运用于美国企业中，在美国企业董事会中独立董事占有很大比例。独立董事由与公司无任何关系的外部人士担任，可以更好地履行对企业的监督职责，能够促进和完善公司的战略决策。我国的独立董事制是借鉴美国经验设立的，发展起步较晚，于2006年才将独立董事的地位通过立法的形式确立，还有很大的可完善空间。文化企业要保证董事会的独立性，完善独立董事制度，确保董事会内有相应数量的独立董事，提高董事会的决策质量。在宏观层面，要深化资本市场改革，建立独立董事选拔机制，完善相关法律法规，通过立法划分独立董事与监事的监督职责、独立董事的占比等，为实施独立董事机制营造良好的市场环境。微观上，要明确独立董事的职能，完善其监督、制衡企业内部管理层、维护股东利益、促进公司经营规范等职能。此外，对独立董事人员的选择也有全面的考量。《上市公司治理准则》第六节第三十八条规定，“上市公司董事会应当设立审计委员会，并可以根据需要设立战略、提名、薪酬与考核等相关专门委员会。专门委员会对董事会负责，依照公司章程和董事会授权履行职责，专门委员会的提案应当提交董事会审计决定。专门委员会成员全部由董事组成，其中审计委员会、提名委员会、薪酬与考核委员会中独立董事应当占多数并担任召集人，审计委员会的召集人应当为会计专业人士”。上市公司董事会成员中应当至少包括1/3的独立董事，其中至少包括1名会计专业人士。在

① 张娜：《女性董事对企业绩效影响的实证研究——来自中国973家上市公司的证据》，《妇女研究论丛》2013年第4期，第38—48页。

现有的文化及相关产业类上市公司中，大多数公司有 3 名及以上独立董事，其中至少有 1 名会计专业人士，而其他的独立董事，部分公司选择了法律专业人士，这跟其他行业企业一样，法律专业人士能够凭借其专业能力更好地发挥监督作用。对于独立董事的其他人选，并未发现企业有意倾向于聘请具有文化背景的人士担任独立董事。因此，我们建议文化及相关产业类上市公司，在聘请独立董事时，不要仅仅停留在遵守相关法律法规的规定，而是更进一步，要充分利用独立董事这一制度的规定，除了必须有 1 名会计专业人士外，其他独立董事人选可以倾向于行业内的专业人士。

3. 强化“双效统一”考核标准，完善考核指标体系

正确处理社会效益和经济效益、社会价值和市场价值的关系，当两个效益、两种价值发生矛盾时，经济效益服从社会效益、市场价值服从社会价值，越是深化改革、创新发展，越要把社会效益放在首位。正确处理文化的意识形态属性与经济属性、文化企业特点和现代企业制度要求的关系，把加强党的领导与完善公司治理统一起来，加强分类指导，创新资产组织形式和经营管理模式，建立健全把社会效益放在首位、实现社会效益和经济效益相统一的考核评价标准。

中央及有关部门已经对新华书店、国有文艺院团、国有影视企业、图书出版单位等社会效益的评价颁布了专门的文件，给出了方向。这其中，对图书出版单位的社会效益评价工作做了很好的探索，其他行业企业的社会效益评价工作也在不断探索和改进中。在相关文件的指引下，还需要在以下几个方面着力，以进一步做好社会效益评价工作。

第一，文化产业不是一个单一行业，是多个不同行业的集合，其产生的社会效益也不尽相同，因此，在进行绩效评价时，应考虑到不同行业社会效益的共同性和差异性。根据不同企业所属的子行业特点建立科学的社会效益指标考核体系并进行动态优化。文化企业都承担着传播主流文化的功能和社会责任，但他们的产品差异性很大，传播文化的方式、途径都大相径庭，因此，不同子行业的企业应从企业特点出发，根据中央及行业相关部门发布的指导意见，选取合适的且能量化的指标。

第二，在同一行业内部，不同企业也存在各方面较大差异，指标的选取也

应灵活适度，兼顾个性与共性的特征。如我国国有文艺院团的情况和发展状况不一，地区、门类、层级、体制、定位使命等方面存在较大差异，用一套完全一样的评价指标体系完成对所有文艺院团的评价考核，明显不符合实际情况[①]。专业性学术出版物和普及性大众出版物的社会效益比较，不能简单地以发行量等数量的绝对值来判别高下。专业出版物对整个社会的影响，往往不是直接影响普通大众，而是以专业读者、社会精英作为中介，间接地对社会大众的精神甚至生产、生活等产生影响[②]。

第三，要重视并实现社会效益与经济效益相统一。各部门的规定突出强调了“把社会效益放在首位，实现社会效益与经济效益相统一”，但是，在贯彻落实过程中缺乏更加详细的可操作办法，甚至有些文化企业单纯追求社会效益而忽视、放弃经济效益，导致部分图书出版单位片面追求“获奖”“立项”，出版一些忽视读者需求、发行量和阅读量不高的“睡美人”出版物，立项出版物出版和评奖后即无人问津[③]。从长远来看也是行不通的，因为企业生存发展需要经济效益，只有两个效益齐头并进，企业才能可持续发展，社会效益才能得到更好的彰显。因此，考核评价体系一定要兼顾对经济效益的考量，两个效益相统一。经济效益指标设置要根据子行业的差别分类进行，要和企业所处的子行业特征、子行业发展阶段、子行业成长空间前景以及企业实际情况相符。同时要特别注意企业内部的纵向比较和企业之间的横向比较指标，尽可能科学地设置指标。由于企业经济效益是与市场息息相关的，是浮动的，文化企业的经济效益指标既要考虑市场竞争程度，也要考虑为社会效益付出的代价，一般而言，因为注重了社会效益，经济指标与其他完全竞争类企业相比必须有所下降，比如设定为国资委考核利润率的40%～80%之间，不同类型的企业要有所区别，物质类的高一些，精神产品类的低一些。

---

① 《关于国有文艺院团社会效益量化考核标准研究》课题组，孙亮、陈楠、何勤勤等：《社会效益评价考核开启国有文艺院团发展新篇章》，《戏剧（中央戏剧学院学报）》2019年第3期，第158—166页。

② 马衍明：《出版物社会效益评价中的几个基本问题》，《现代出版》2020年第2期，第31页、第53—58页。

③ 沈艳波：《把图书出版单位社会效益评价考核做实做细的探索与实践》，《出版发行研究》2020年第4期，第32—38页。

二、全方位完善外部治理结构

1. 健全证券市场的发展

发达的资本市场不仅可以保证文化企业的融资，保障资源的有效配置，还可以有效地保护投资者。虽然我国证券市场日渐成熟，但是从上市企业信息披露、文化企业上市审批制度、证券市场监管等角度来看，依然存在着诸多问题。对于我国文化企业治理，要充分考虑文化企业的双重属性和两个效益，传统的银行融资不太适合文化产业本身的特点。因此，要创新证券市场融资渠道，加强证券市场监管，提高市场化运作水平，促进资本高效配置，健全证券市场功能，完善文化企业的上市制度，加强市场对企业的规制，建立失败企业的退出机制。

2. 增强信息透明度

增强企业信息透明度也是完善文化企业治理的一个突破点，投资者往往根据企业公布的信息来决定自己的投资组合，增强信息的透明度也有利于保护投资者的利益。信息透明度越高，企业经营者与投资者之间信息不对称造成的“道德风险”“委托—代理问题”等市场低效率行为就越低。但是，我国多数上市文化企业在信息披露方面存在着很多不规范、不合理之处，而且普通投资者乃至机构投资者都很难对企业的经营、决策是否符合社会主流意识形态的信息做出专业的判断。因此，对于文化企业信息的披露，一方面，有必要加强资本市场对企业的信息监管，借助网络手段、公众监督增强信息透明度，提高公司治理效率。同时，还要保证企业内执行高标准的会计、审计水平，确保公布信息的真实性准确性，及时公平地公开对投资者重要的信息，包括财务信息、管理信息等，充分保护投资者利益。另一方面，对于产品或服务是否符合主流意识形态和核心价值观等信息也应该有尽可能清晰地披露，对于这一点，首先需要文化产业监管机构和证券监督部门通力合作提出具有指导性的意见，其次需要企业严格执行相关规定。

3. 培育市场竞争

在市场经济背景下，通过市场竞争可以淘汰劣质企业，增强优胜企业的经济实力，促进生产要素的合理配置。市场机制较成熟的市场往往通过市场约束来培育市场竞争，市场约束即借助信息披露和相关中介机构来约束企业经营者的行为。我们也一直在进行文化体制改革，文化企业也逐步成为市场竞争的主体，但为了把握好文化企业尤其是国有文化企业的意识形态属性、引导企业发挥正向社会效益，现阶段还需要一些行政手段去监督企业，同时也应当更好地加强市场的监督作用，加强产品的市场竞争力，从而进一步降低文化企业的代理成本，降低经营者与所有者之间的“道德风险”。因此，我们应不断创新文化产品种类，还可以借助第三方中介机构监督来约束企业，以提高文化企业在市场的竞争力。

4. 培养机构投资者

机构投资者不仅拥有雄厚的资金，还拥有专业化的理财团队，投资行为更加理性化。机构投资者往往会更积极地参与公司治理，在一定程度上解决了中小股东的“搭便车”行为。而且，机构投资者的参与不仅有利于企业的监督，还可以强化企业的激励约束机制，增强市场活力。机构投资者也往往倾向于对公司治理完善、财务状况良好的企业进行投资，所以优秀机构投资者的参与能够完善公司治理。国外有关研究表明，机构投资者在证券市场、企业内部治理等方面都表现出积极作用，所以要发展多样化的机构投资者，健全机构投资者的投资制度。要鼓励机构投资者多向文化企业投资，既要增加其在经营决策中的话语权，又要保证其监督作用，使其有效地参与到公司治理中。

第三节　进一步研究展望

在本书中，我们聚焦我国文化企业公司治理这一问题，借助于经典公司治理理论，构建了适合我国文化企业具体情形的公司治理理论分析框架，并实证检验了当前我国文化及相关产业上市公司治理机制的治理效果。这一研究有助于政府监管工作人员、文化企业高级管理人员及从业者、相关科研人员更全面、更系统地了解我国文化企业公司治理的演变、现状、存在的问题、面临的困难以及可能的解决措施。然而在这一过程中，随着研究的深入，我们发现在文化企业公司治理这一广阔的领域，本书所做的工作只是万里长征中的一小步，研究还有诸多不足，未来需要进一步研究的问题还有很多。

第一，加强对文化企业外部治理的研究。对于公司外部治理的概念并无明确的界定，通常是针对内部治理而言的，是指来自企业外部的监督，目的是防止企业高管人员在执行公司职务时滥用职权。本书重点关注了企业内部治理机制的内容，未来还需要加大对外部治理的研究，这对于具有意识形态属性和社会效益的文化企业来说更为重要。需要注意的是，不能把外部治理和内部治理的作用分而视之，认为外部治理关注企业的意识形态属性和社会效益，而内部治理负责企业的商品属性和经济效益。外部治理和内部治理是有机统一的，共同为文化企业治理的完善服务。外部治理具有引导性，是事后的，内部治理是规定性的、事前的。要充分发挥文化企业的正面社会效益，需要社会的引导。后续需要把文化企业的法律监管、产品市场、资本市场信息、企业控制权市场等内容逐步拓展研究。

第二，探索新的适合文化企业的治理机制。为保证文化企业沿着正确的意识形态方向发展，在发挥正向社会效益的同时兼顾经济效益，并保证企业的可持续发展和壮大。在以往的实践中，党委会作为新的治理主体参与公司治理中、试行了特殊管理股、设置专门的内容委员会，在考核中摒弃其他企业以经济效益为主的考核方式而代之以“双效考核”。我们从理论上分析了这些在文化企业中实行的治理机制和举措，剖析了具体操作中存在的问题并提出了进一步完善的建议。但企业的发展日新月异，尤其是对于文化产业这种对创新、创意有着极高要求的企业，随着科技与文化的融合越来越深，文化企业新的运营模式如平台经济的兴起和壮大，在新的形势下文化企业的公司治理又将呈现出怎样的新特点、新问题，我们又将如何去解决这些问题，是需要科研工作者用战略性的眼光提前审视并思考的。

第三，实证内容需要细化、拓展，实证方法需要改进。本书利用 2013 年上市至 2019 年底仍经营的 128 家文化及相关产业上市公司为样本，实证检验了文化企业对企业绩效的影响，有助于更好地了解文化企业治理的效果。但这其中还存在诸多问题需要改进：一是被解释变量的选取。对于被解释变量治理结果，书中仍然采用了 ROA 这一经济效益指标。尽管保证文化企业良好的社会效益最终会服务于企业的经济效益，然而，社会效益的涉及范围很广、涉及群体众多，最终并不仅仅体现在企业的经济效益上，因此，应考虑采用更科学的方法寻找更合适的替代变量或构建一个指标体系来衡量文化企业公司治理的效果。二是要细化对治理机制治理效果的检验。书中对治理机制效果的检验仅局限于内部治理机制，并未涉及外部治理。在内部治理的实证分析中，还可以结合当前公司治理的研究进一步细化，如董事会治理中可以进一步检验董事会人员特征、多元化、社会资源等的影响，高管激励机制的检验仅涉及了物质激励，未来还应该检验非物质激励的治理效果。

附录

附录1　我国文化及相关产业的分类

文化产业	具体内容	
新闻信息服务	新闻服务	新闻业
	报纸信息服务	报纸出版
	广播电视信息服务	广播、电视、广播电视集成播控
	互联网信息服务	互联网搜索服务、互联网其他信息服务
内容创作生产	出版服务	图书出版、 期刊出版、音像制品出版、电子出版物出版、数字出版、其他出版业
	广播影视节目制作服务	影视节目制作、录音制作
	创作表演服务	文艺创作与表演、群众文体活动、其他文化艺术业
	数字内容服务	动漫、游戏数字内容服务；互联网游戏服务、多媒体、游戏动漫和数字出版软件开发；增值电信文化服务、其他文化数字内容服务
	内容保存服务	图书馆、档案馆、文物及非物质文化遗产保护 、博物馆、烈士陵园、纪念馆
	工艺美术品制造	雕塑工艺品制造，金属工艺品制造，漆器工艺品制造，花画工艺品制造，天然植物纤维编织工艺品制造，抽纱刺绣工艺品制造，地毯、挂毯制造，珠宝首饰及有关物品制造，其他工艺美术及礼仪用品制造
	艺术陶瓷制造	陈设艺术陶瓷制造、园艺陶瓷制造
创意设计服务	广告服务	互联网广告服务、其他广告服务
	设计服务	建筑设计服务、工业设计服务、专业设计服务

续表

文化产业	具体内容	
文化传播渠道	出版物发行	图书批发、报刊批发、音像制品、电子和数字出版物批发；图书、报刊零售；音像制品、电子和数字出版物零售；图书出租 、音像制品出租
	广播电视节目传输	有线广播电视传输服务、无线广播电视传输服务、广播电视卫星传输服务
	广播影视发行放映	电影和广播电视节目发行、电影放映
	艺术表演	艺术表演场馆
	互联网文化娱乐平台	互联网文化娱乐平台
	艺术品拍卖及代理	艺术品、收藏品拍卖；艺术品代理
	工艺美术品销售	首饰、工艺品及收藏品批发；珠宝首饰零售、工艺美术品及收藏品零售
文化投资运营	投资与资产管理	文化投资与资产管理
	运营管理	文化企业总部管理、文化产业园区管理
文化休闲娱乐服务	娱乐服务	歌舞厅娱乐活动、电子游艺厅娱乐活动、网吧活动、其他室内娱乐活动、游乐园、其他娱乐业
	景区游览服务	城市公园管理、名胜风景区管理、森林公园管理、其他游览景区管理、自然遗迹保护管理、动物园、水族馆管理服务、植物园管理服务
	休闲观光游览服务	休闲观光活动、观光游览航空服务

续表

文化产业	具体内容	
文化辅助生产和中介服务	文化辅助用品制造	文化用机制纸及纸板制造、手工纸制造、油墨及类似产品制造、工艺美术颜料制造、文化用信息化学品制造
	印刷复制服务	书、报刊印刷；本册印制、包装装潢及其他印刷、装订及印刷相关服务、记录媒介复制、摄影扩印服务
	版权服务	版权和文化软件服务
	会议展览服务	会议、展览及相关服务
	文化经纪代理服务	文化活动服务、文化娱乐经纪人、其他文化艺术经纪代理、婚庆典礼服务、文化贸易代理服务、票务代理服务
	文化设备（用品）出租服务	休闲娱乐用品设备出租、文化用品设备出租
	文化科研培训服务	社会人文科学研究、学术理论社会（文化）团体、文化艺术培训、文化艺术辅导
文化装备生产	印刷设备制造	印刷专用设备制造、复印和胶印设备制造
	广播电视电影设备制造及销售	广播电视节目制作及发射设备制造、广播电视接收设备制造、广播电视专用配件制造、专业音响设备制造、应用电视设备及其他广播电视设备制造、广播影视设备批发、电影机械制造
	摄录设备制造及销售	影视录放设备制造、娱乐用智能无人飞行器制造、幻灯及投影设备制造、照相机及器材制造、照相器材零售
	演艺设备制造及销售	舞台及场地用灯制造、舞台照明设备批发
	游乐游艺设备制造	露天游乐场所游乐设备制造、游艺用品及室内游艺器材制造、其他娱乐用品制造
	乐器制造及销售	中乐器制造、西乐器制造、电子乐器制造、其他乐器及零件制造、乐器批发、乐器零售

续表

文化产业	具体内容	
文化消费终端生产	文具制造及销售	文具制造、文具用品批发、文具用品零售
	笔墨制造	笔的制造，墨水、墨汁制造
	玩具制造	玩具制造
	节庆用品制造	焰火、鞭炮产品制造
	信息服务终端制造及销售	电视机制造、音响设备制造、可穿戴智能文化设备制造、其他智能文化消费设备制造、家用视听设备批发、家用视听设备零售、其他文化用品批发、其他文化用品零售

资料来源：国家统计局关于印发《文化及相关产业分类（2018）》的通知，http://www.stats.gov.cn/tjgz/tzgb/201804/t20180423_1595390.html。

附录 2　文化及相关产业的产业类别划分

产业类别	小类名称	行业分类代码	小类名称	行业分类代码
文化制造业	雕塑工艺品制造	2431	专业音响设备制造	3934
	金属工艺品制造	2432	应用电视设备及其他广播电视设备制造	3939
	漆器工艺品制造	2433	电影机械制造	3471
	花画工艺品制造	2434	娱乐用智能无人飞行器制造	3963*
	天然植物纤维编织工艺品制造	2435	幻灯及投影设备制造	3472
	抽纱刺绣工艺品制造	2436	照相机及器材制造	3473
	地毯、挂毯制造	2437	舞台及场地用灯制造	3873
	珠宝首饰及有关物品制造	2438	音响设备制造	3952
	其他工艺美术及礼仪用品制造	2439	露天游乐场所游乐设备制造	2461
	陈设艺术陶瓷制造	3075	游艺用品及室内游艺器材制造	2462
	园艺陶瓷制造	3076	其他娱乐用品制造	2469
	文化用机制纸及纸板制造	2221*	中乐器制造	2421
	手工纸制造	2222	西乐器制造	2422
	油墨及类似产品制造	2642	电子乐器制造	2423
	工艺美术颜料制造	2644	其他乐器及零件制造	2429
	文化用信息化学品制造	2664	文具制造	2411
	书、报刊印刷	2311	笔的制造	2412
	本册印制	2312	墨水、墨汁制造	2414
	包装装潢及其他印刷	2319	玩具制造	2451—2456
	装订及印刷相关服务	2320		2459
	记录媒介复制	2330	焰火、鞭炮产品制造	2672
	印刷专用设备制造	3542	电视机制造	3951
	复印和胶印设备制造	3474	影视录放设备制造	3953
	广播电视节目制作及发射设备制造	3931	可穿戴智能文化设备制造	3961*
	广播电视接收设备制造	3932	其他智能文化消费设备制造	3969*
	广播电视专用配件制造	3933		

续表

产业类别	小类名称	行业分类代码	小类名称	行业分类代码
文化批发和零售业	图书批发	5143	广播影视设备批发	5178
	报刊批发	5144	照相器材零售	5248
	音像制品、电子和数字出版物批发	5145	舞台照明设备批发	5175*
	图书、报刊零售	5243	乐器批发	5147
	音像制品、电子和数字出版物零售	5244	乐器零售	5247
	首饰、工艺品及收藏品批发	5146	文具用品批发	5141
	珠宝首饰零售	5245	文具用品零售	5241
	工艺美术品及收藏品零售	5246	家用视听设备批发	5137
	艺术品、收藏品拍卖	5183	家用视听设备零售	5271
	艺术品代理	5184	其他文化用品批发	5149
	文化贸易代理服务	5181*	其他文化用品零售	5249
文化服务业	新闻业	8610	电影和广播电视节目发行	8750
	报纸出版	8622	电影放映	8760
	广播	8710	艺术表演场馆	8820
	电视	8720	互联网文化娱乐平台	6432*
	广播电视集成播控	8740	文化投资与资产管理	7212*
	互联网搜索服务	6421	文化企业总部管理	7211*
	互联网其他信息服务	6429	文化产业园区管理	7221*
	图书出版	8621	歌舞厅娱乐活动	9011
	期刊出版	8623	电子游艺厅娱乐活动	9012
	音像制品出版	8624	网吧活动	9013
	电子出版物出版	8625	其他室内娱乐活动	9019
	数字出版	8626	游乐园	9020
	其他出版业	8629	其他娱乐业	9090
	影视节目制作	8730	城市公园管理	7850
	录音制作	8770	名胜风景区管理	7861
	文艺创作与表演	8810	森林公园管理	7862
	群众文体活动	8870	其他游览景区管理	7869
	其他文化艺术业	8890	自然遗迹保护管理	7712

续表

产业类别	小类名称	行业分类代码	小类名称	行业分类代码
文化服务业	动漫、游戏数字内容服务	6572	动物园、水族馆管理服务	7715
	互联网游戏服务	6422	植物园管理服务	7716
	多媒体、游戏动漫和数字出版软件开发	6513*	休闲观光活动	9030
	增值电信文化服务	6319*	观光游览航空服务	5622
	其他文化数字内容服务	6579*	摄影扩印服务	8060
	图书馆	8831	版权和文化软件服务	7520*
	档案馆	8832	会议、展览及相关服务	7281—7284
	文物及非物质文化遗产保护	8840		7289
	博物馆	8850	文化活动服务	9051
	烈士陵园、纪念馆	8860	文化娱乐经纪人	9053
	互联网广告服务	7251	其他文化艺术经纪代理	9059
	其他广告服务	7259	婚庆典礼服务	8070*
	建筑设计服务	7484*	票务代理服务	7298
	工业设计服务	7491	休闲娱乐用品设备出租	7121
	专业设计服务	7492	文化用品设备出租	7123
	图书出租	7124	社会人文科学研究	7350
	音像制品出租	7125	学术理论社会（文化）团体	9521*
	有线广播电视传输服务	6321	文化艺术培训	8393
	无线广播电视传输服务	6322	文化艺术辅导	8399*
	广播电视卫星传输服务	6331		

资料来源：《文化及相关产业分类（2018）》修订说明，http://www.stats.gov.cn/tjgz/tzgb/201804/t20180423_1595390.html。

附录 3　文化及相关产业上市公司名录

企业名称	证券代码	上市年份	上市地点	产业分类	地区	企业性质
奥飞娱乐	002292	2009	深交所	02 内容创作生产	广东省	民营企业
劲嘉股份	002191	2007	深交所	07 文化辅助生产和中介服务	广东省	民营企业
乐凯胶片	600135	1998	上交所	07 文化辅助生产和中介服务	河北省	央企国资控股
翔港科技	603499	2017	上交所	07 文化辅助生产和中介服务	上海市	民营企业
新宏泽	002836	2016	深交所	07 文化辅助生产和中介服务	广东省	外资企业
金时科技	002951	2019	深交所	07 文化辅助生产和中介服务	四川省	民营企业
爱迪尔	002740	2015	深交所	02 内容创作生产	福建省	民营企业
鸿博股份	002229	2008	深交所	07 文化辅助生产和中介服务	福建省	民营企业
陕西金叶	000812	1998	深交所	07 文化辅助生产和中介服务	陕西省	民营企业
惠威科技	002888	2017	深交所	08 文化装备生产	广东省	外资企业
中威电子	300270	2011	深交所	08 文化装备生产	浙江省	民营企业

续表

企业名称	证券代码	上市年份	上市地点	产业分类	地区	企业性质
东风股份	601515	2012	上交所	07 文化辅助生产和中介服务	广东省	外资企业
中山金马	300756	2018	深交所	08 文化装备生产	广东省	民营企业
高斯贝尔	002848	2017	深交所	09 文化消费终端生产	湖南省	民营企业
集友股份	603429	2017	上交所	07 文化辅助生产和中介服务	安徽省	民营企业
滨海能源	000695	1997	深交所	07 文化辅助生产和中介服务	天津市	省属国资控股
潮宏基	002345	2010	深交所	02 内容创作生产	广东省	民营企业
创源文化	300703	2017	深交所	09 文化消费终端生产	浙江省	民营企业
老凤祥	600612	1992	上交所	02 内容创作生产	上海市	省属国资控股
同为股份	002835	2016	深交所	08 文化装备生产	广东省	民营企业
银河电子	002519	2010	深交所	08 文化装备生产	江苏省	民营企业
久日新材	688199	2019	上交所	07 文化辅助生产和中介服务	天津市	民营企业
东港股份	002117	2007	深交所	07 文化辅助生产和中介服务	山东省	外资企业

续表

企业名称	证券代码	上市年份	上市地点	产业分类	地区	企业性质
萃华珠宝	002731	2014	深交所	02 内容创作生产	辽宁省	民营企业
达华智能	002512	2010	深交所	07 文化辅助生产和中介服务	福建省	民营企业
金一文化	002721	2014	深交所	02 内容创作生产	北京市	地市国资控股
创维数字	000810	1998	深交所	09 文化消费终端生产	四川省	民营企业
爱司凯	300521	2016	深交所	08 文化装备生产	广东省	民营企业
海伦钢琴	300329	2012	深交所	08 文化装备生产	浙江省	民营企业
盛通股份	002599	2011	深交所	07 文化辅助生产和中介服务	北京市	民营企业
清水源	300437	2015	深交所	03 创意设计服务	河南省	民营企业
汉邦高科	300449	2015	深交所	08 文化装备生产	北京市	民营企业
广信材料	300537	2016	深交所	07 文化辅助生产和中介服务	江苏省	民营企业
容大感光	300576	2016	深交所	07 文化辅助生产和中介服务	广东省	民营企业
邦宝益智	603398	2015	上交所	09 文化消费终端生产	广东省	民营企业

续表

企业名称	证券代码	上市年份	上市地点	产业分类	地区	企业性质
世名科技	300522	2016	深交所	07 文化辅助生产和中介服务	江苏省	民营企业
TCL 科技	000100	2004	深交所	07 文化辅助生产和中介服务	广东省	其他
齐心集团	002301	2009	深交所	09 文化消费终端生产	广东省	民营企业
科斯伍德	300192	2011	深交所	07 文化辅助生产和中介服务	江苏省	民营企业
晨光文具	603899	2015	上交所	09 文化消费终端生产	上海市	民营企业
东方精工	002611	2011	深交所	08 文化装备生产	广东省	民营企业
强力新材	300429	2015	深交所	07 文化辅助生产和中介服务	江苏省	民营企业
明牌珠宝	002574	2011	深交所	02 内容创作生产	浙江省	民营企业
深康佳 A	000016	1992	深交所	09 文化消费终端生产	广东省	央企国资控股
东方材料	603110	2017	上交所	07 文化辅助生产和中介服务	浙江省	民营企业
珠江钢琴	002678	2012	深交所	08 文化装备生产	广东省	地市国资控股
实丰文化	002862	2017	深交所	09 文化消费终端生产	广东省	民营企业

续表

企业名称	证券代码	上市年份	上市地点	产业分类	地区	企业性质
高乐股份	002348	2010	深交所	09 文化消费终端生产	广东省	外资企业
威创股份	002308	2009	深交所	08 文化装备生产	广东省	外资企业
海信视像	600060	1997	上交所	09 文化消费终端生产	山东省	地市国资控股
永吉股份	603058	2016	上交所	07 文化辅助生产和中介服务	贵州省	民营企业
兆驰股份	002429	2010	深交所	09 文化消费终端生产	广东省	民营企业
四川长虹	600839	1994	上交所	09 文化消费终端生产	四川省	地市国资控股
吉华集团	603980	2017	上交所	07 文化辅助生产和中介服务	浙江省	民营企业
漫步者	002351	2010	深交所	09 文化消费终端生产	广东省	民营企业
苏州科达	603660	2016	上交所	02 内容创作生产	江苏省	民营企业
晨鸣纸业	000488	2000	深交所	07 文化辅助生产和中介服务	山东省	地市国资控股
美利云	000815	1998	深交所	07 文化辅助生产和中介服务	宁夏回族自治区	央企国资控股
博汇纸业	600966	2004	上交所	07 文化辅助生产和中介服务	山东省	外资企业

续表

企业名称	证券代码	上市年份	上市地点	产业分类	地区	企业性质
华泰股份	600308	2000	上交所	07 文化辅助生产和中介服务	山东省	民营企业
太阳纸业	002078	2006	深交所	07 文化辅助生产和中介服务	山东省	民营企业
四川九洲	000801	1998	深交所	08 文化装备生产	四川省	地市国资控股
ST 毅昌	002420	2010	深交所	09 文化消费终端生产	广东省	民营企业
莱绅通灵	603900	2016	上交所	04 文化传播渠道	江苏省	民营企业
飞亚达	000026	1993	深交所	04 文化传播渠道	广东省	央企国资控股
豫园股份	600655	1992	上交所	04 文化传播渠道	上海市	民营企业
周大生	002867	2017	深交所	02 内容创作生产	广东省	民营企业
江苏国泰	002091	2006	深交所	09 文化消费终端生产	江苏省	省属国资控股
弘业股份	600128	1997	上交所	09 文化消费终端生产	江苏省	省属国资控股
宋城演艺	300144	2010	深交所	02 内容创作生产	浙江省	民营企业
读者传媒	603999	2015	上交所	02 内容创作生产	甘肃省	省属国资控股
湖北广电	000665	1996	深交所	01 新闻信息服务	湖北省	省属国资控股
引力传媒	603598	2015	上交所	03 创意设计服务	北京市	民营企业

续表

企业名称	证券代码	上市年份	上市地点	产业分类	地区	企业性质
富春股份	300299	2012	深交所	02 内容创作生产	福建省	民营企业
江苏有线	600959	2015	上交所	04 文化传播渠道	江苏省	省属国资控股
上海电影	601595	2016	上交所	04 文化传播渠道	上海市	省属国资控股
华策影视	300133	2010	深交所	02 内容创作生产	浙江省	民营企业
北京文化	000802	1998	深交所	02 内容创作生产	北京市	民营企业
粤传媒	002181	2007	深交所	03 创意设计服务	广东省	地市国资控股
广电网络	600831	1994	上交所	01 新闻信息服务	陕西省	省属国资控股
浙数文化	600633	1993	上交所	03 创意设计服务	浙江省	省属国资控股
龙韵股份	603729	2015	上交所	03 创意设计服务	上海市	民营企业
分众传媒	002027	2004	深交所	02 内容创作生产	广东省	外资企业
利欧股份	002131	2007	深交所	03 创意设计服务	浙江省	民营企业
浙江富润	600070	1997	上交所	01 新闻信息服务	浙江省	民营企业
天目湖	603136	2017	上交所	06 文化娱乐休闲服务	江苏省	民营企业
恒大高新	002591	2011	深交所	03 创意设计服务	江西省	民营企业

续表

企业名称	证券代码	上市年份	上市地点	产业分类	地区	企业性质
天威视讯	002238	2008	深交所	04 文化传播渠道	广东省	地市国资控股
姚记科技	002605	2011	深交所	02 内容创作生产	上海市	民营企业
慈文传媒	002343	2010	深交所	02 内容创作生产	浙江省	省属国资控股
凤凰传媒	601928	2011	上交所	02 内容创作生产	江苏省	省属国资控股
三联虹普	300384	2014	深交所	03 创意设计服务	北京市	民营企业
省广集团	002400	2010	深交所	07 文化辅助生产和中介服务	广东省	省属国资控股
天下秀	600556	2001	上交所	03 创意设计服务	广西壮族自治区	其他
东方明珠	600637	1993	上交所	02 内容创作生产	上海市	省属国资控股
贵广网络	600996	2016	上交所	04 文化传播渠道	贵州省	省属国资控股
电魂网络	603258	2016	上交所	02 内容创作生产	浙江省	民营企业
易尚展示	002751	2015	深交所	07 文化辅助生产和中介服务	广东省	民营企业
金科文化	300459	2015	深交所	02 内容创作生产	浙江省	民营企业
世纪天鸿	300654	2017	深交所	02 内容创作生产	山东省	民营企业

续表

企业名称	证券代码	上市年份	上市地点	产业分类	地区	企业性质
平治信息	300571	2016	深交所	02 内容创作生产	浙江省	民营企业
唐德影视	300426	2015	深交所	02 内容创作生产	浙江省	地市国资控股
佳云科技	300242	2011	深交所	02 内容创作生产	广东省	外资企业
吉比特	603444	2017	上交所	02 内容创作生产	福建省	民营企业
皖新传媒	601801	2010	上交所	04 文化传播渠道	安徽省	省属国资控股
融钰集团	002622	2011	深交所	07 文化辅助生产和中介服务	吉林省	民营企业
顺网科技	300113	2010	深交所	02 内容创作生产	浙江省	民营企业
巨人网络	002558	2011	深交所	02 内容创作生产	重庆市	民营企业
麦达数字	002137	2007	深交所	03 创意设计服务	广东省	民营企业
深大通	000038	1994	深交所	03 创意设计服务	广东省	民营企业
智度股份	000676	1996	深交所	01 新闻信息服务	广东省	民营企业
幸福蓝海	300528	2016	深交所	02 内容创作生产	江苏省	地市国资控股
米奥会展	300795	2019	深交所	07 文化辅助生产和中介服务	浙江省	民营企业
联建光电	300269	2011	深交所	03 创意设计服务	广东省	民营企业

续表

企业名称	证券代码	上市年份	上市地点	产业分类	地区	企业性质
迅游科技	300467	2015	深交所	02 内容创作生产	四川省	地市国资控股
中信国安	000839	1997	深交所	04 文化传播渠道	北京市	央企国资控股
长白山	603099	2014	上交所	07 文化辅助生产和中介服务	吉林省	地市国资控股
山东出版	601019	2017	上交所	02 内容创作生产	山东省	省属国资控股
桂林旅游	000978	2000	深交所	06 文化娱乐休闲服务	广西壮族自治区	地市国资控股
西藏旅游	600749	1996	上交所	06 文化娱乐休闲服务	西藏自治区	民营企业
三七互娱	002555	2011	深交所	02 内容创作生产	安徽省	民营企业
游族网络	002174	2007	深交所	02 内容创作生产	福建省	民营企业
世纪华通	002602	2011	深交所	02 内容创作生产	浙江省	民营企业
腾信股份	300392	2014	深交所	03 创意设计服务	北京市	民营企业
人民网	603000	2012	上交所	01 新闻信息服务	北京市	央企国资控股
华数传媒	000156	2000	深交所	04 文化传播渠道	浙江省	地市国资控股
华扬联众	603825	2017	上交所	03 创意设计服务	北京市	民营企业
美盛文化	002699	2012	深交所	03 创意设计服务	浙江省	民营企业

续表

企业名称	证券代码	上市年份	上市地点	产业分类	地区	企业性质
完美世界	002624	2011	深交所	02 内容创作生产	浙江省	民营企业
曲江文旅	600706	1996	上交所	06 文化娱乐休闲服务	陕西省	地市国资控股
丽江股份	002033	2004	深交所	06 文化娱乐休闲服务	云南省	民营企业
电声股份	300805	2019	深交所	07 文化辅助生产和中介服务	广东省	民营企业
生意宝	002095	2006	深交所	01 新闻信息服务	浙江省	民营企业
天舟文化	300148	2010	深交所	02 内容创作生产	湖南省	民营企业
中青宝	300052	2010	深交所	02 内容创作生产	广东省	民营企业
歌华有线	600037	2001	上交所	04 文化传播渠道	北京市	省属国资控股
新华传媒	600825	1994	上交所	04 文化传播渠道	上海市	省属国资控股
博瑞传播	600880	1995	上交所	03 创意设计服务	四川省	地市国资控股
华闻集团	000793	1997	深交所	03 创意设计服务	海南省	其他
万润科技	002654	2012	深交所	03 创意设计服务	广东省	省属国资控股
新华网	603888	2016	上交所	01 新闻信息服务	北京市	央企国资控股
峨眉山 A	000888	1997	深交所	06 文化娱乐休闲服务	四川省	地市国资控股

续表

企业名称	证券代码	上市年份	上市地点	产业分类	地区	企业性质
捷成股份	300182	2011	深交所	02 内容创作生产	北京市	民营企业
新经典	603096	2017	上交所	04 文化传播渠道	天津市	民营企业
恺英网络	002517	2010	深交所	02 内容创作生产	福建省	民营企业
南方传媒	601900	2016	上交所	02 内容创作生产	广东省	省属国资控股
号百控股	600640	1993	上交所	02 内容创作生产	上海市	央企国资控股
广西广电	600936	2016	上交所	04 文化传播渠道	广西壮族自治区	省属国资控股
众应互联	002464	2010	深交所	02 内容创作生产	新疆维吾尔自治区	民营企业
中国出版	601949	2017	上交所	02 内容创作生产	北京市	央企国资控股
三特索道	002159	2007	深交所	06 文化娱乐休闲服务	湖北省	民营企业
科达股份	600986	2004	上交所	03 创意设计服务	山东省	民营企业
中南传媒	601098	2010	上交所	02 内容创作生产	湖南省	省属国资控股
冰川网络	300533	2016	深交所	02 内容创作生产	广东省	民营企业
中文在线	300364	2015	深交所	02 内容创作生产	北京市	民营企业
九华旅游	603199	2015	上交所	06 文化娱乐休闲服务	安徽省	省属国资控股

续表

企业名称	证券代码	上市年份	上市地点	产业分类	地区	企业性质
天龙集团	300063	2010	深交所	03 创意设计服务	广东省	民营企业
掌阅科技	603533	2017	上交所	02 内容创作生产	北京市	民营企业
华录百纳	300291	2012	深交所	02 内容创作生产	北京市	民营企业
广弘控股	000529	1993	深交所	04 文化传播渠道	广东省	省属国资控股
文投控股	600715	1996	上交所	04 文化传播渠道	辽宁省	地市国资控股
中广天择	603721	2017	上交所	01 新闻信息服务	湖南省	地市国资控股
吉视传媒	601929	2012	上交所	04 文化传播渠道	吉林省	省属国资控股
当代文体	600136	1998	上交所	02 内容创作生产	湖北省	民营企业
中国卫通	601698	2019	上交所	04 文化传播渠道	北京市	央企国资控股
中国电影	600977	2016	上交所	02 内容创作生产	北京市	央企国资控股
华媒控股	000607	1996	深交所	03 创意设计服务	浙江省	地市国资控股
凯撒文化	002425	2010	深交所	02 内容创作生产	广东省	外资企业
宝通科技	300031	2009	深交所	02 内容创作生产	江苏省	民营企业
中信出版	300788	2019	深交所	02 内容创作生产	北京市	央企国资控股

续表

企业名称	证券代码	上市年份	上市地点	产业分类	地区	企业性质
中视传媒	600088	1997	上交所	02 内容创作生产	上海市	央企国资控股
希努尔	002485	2010	深交所	06 文化娱乐休闲服务	山东省	民营企业
数知科技	300038	2010	深交所	02 内容创作生产	北京市	民营企业
万达电影	002739	2015	深交所	04 文化传播渠道	北京市	民营企业
欢瑞世纪	000892	1999	深交所	02 内容创作生产	重庆市	民营企业
电广传媒	000917	1999	深交所	02 内容创作生产	湖南省	省属国资控股
宣亚国际	300612	2017	深交所	03 创意设计服务	北京市	民营企业
艾格拉斯	002619	2011	深交所	02 内容创作生产	浙江省	民营企业
新华文轩	601811	2016	上交所	02 内容创作生产	四川省	省属国资控股
城市传媒	600229	2000	上交所	02 内容创作生产	山东省	地市国资控股
三五互联	300051	2010	深交所	02 内容创作生产	福建省	民营企业
新文化	300336	2012	深交所	02 内容创作生产	上海市	民营企业
光线传媒	300251	2011	深交所	02 内容创作生产	北京市	民营企业
时代出版	600551	2002	上交所	02 内容创作生产	安徽省	省属国资控股

续表

企业名称	证券代码	上市年份	上市地点	产业分类	地区	企业性质
金逸影视	002905	2017	深交所	04 文化传播渠道	广东省	民营企业
蓝色光标	300058	2010	深交所	03 创意设计服务	北京市	民营企业
中文传媒	600373	2002	上交所	02 内容创作生产	江西省	省属国资控股
华谊兄弟	300027	2009	深交所	02 内容创作生产	浙江省	民营企业
广博股份	002103	2007	深交所	09 文化消费终端生产	浙江省	民营企业
张家界	000430	1996	深交所	06 文化娱乐休闲服务	湖南省	地市国资控股
黄山旅游	600054	1997	上交所	06 文化娱乐休闲服务	安徽省	地市国资控股
联创股份	300343	2012	深交所	03 创意设计服务	山东省	民营企业
华谊嘉信	300071	2010	深交所	03 创意设计服务	北京市	民营企业
芒果超媒	300413	2015	深交所	02 内容创作生产	湖南省	省属国资控股
出版传媒	601999	2007	上交所	02 内容创作生产	辽宁省	省属国资控股
中国科传	601858	2017	上交所	02 内容创作生产	北京市	央企国资控股
视觉中国	000681	1997	深交所	02 内容创作生产	江苏省	其他
大连圣亚	600593	2002	上交所	06 文化娱乐休闲服务	辽宁省	地市国资控股

续表

企业名称	证券代码	上市年份	上市地点	产业分类	地区	企业性质
祥源文化	600576	2003	上交所	02 内容创作生产	浙江省	民营企业
思美传媒	002712	2014	深交所	03 创意设计服务	浙江省	省属国资控股
安妮股份	002235	2008	深交所	07 文化辅助生产和中介服务	福建省	民营企业
掌趣科技	300315	2012	深交所	02 内容创作生产	北京市	民营企业
横店影视	603103	2017	上交所	04 文化传播渠道	浙江省	集体企业
中原传媒	000719	1997	深交所	04 文化传播渠道	河南省	省属国资控股
长江传媒	600757	1996	上交所	02 内容创作生产	湖北省	省属国资控股
吉宏股份	002803	2016	深交所	03 创意设计服务	福建省	民营企业
昆仑万维	300418	2015	深交所	02 内容创作生产	北京市	民营企业
星辉娱乐	300043	2010	深交所	09 文化消费终端生产	广东省	民营企业
会畅通讯	300578	2017	深交所	02 内容创作生产	上海市	民营企业
新媒股份	300770	2019	深交所	02 内容创作生产	广东省	省属国资控股
中嘉博创	000889	1997	深交所	02 内容创作生产	河北省	外资企业
二六三	002467	2010	深交所	02 内容创作生产	北京市	民营企业

续表

企业名称	证券代码	上市年份	上市地点	产业分类	地区	企业性质
值得买	300785	2019	深交所	01 新闻信息服务	北京市	民营企业
三六五网	300295	2012	深交所	01 新闻信息服务	江苏省	民营企业
华宇软件	300271	2011	深交所	02 内容创作生产	北京市	民营企业
盛讯达	300518	2016	深交所	02 内容创作生产	广东省	民营企业
ST 网力	300367	2014	深交所	02 内容创作生产	北京市	省属国资控股
大智慧	601519	2011	上交所	01 新闻信息服务	上海市	民营企业
科大国创	300520	2016	深交所	02 内容创作生产	安徽省	民营企业
石基信息	002153	2007	深交所	01 新闻信息服务	北京市	民营企业
初灵信息	300250	2011	深交所	02 内容创作生产	浙江省	民营企业
思特奇	300608	2017	深交所	02 内容创作生产	北京市	民营企业
万兴科技	300624	2018	深交所	02 内容创作生产	西藏自治区	民营企业
网达软件	603189	2016	上交所	02 内容创作生产	上海市	民营企业
华平股份	300074	2010	深交所	02 内容创作生产	上海市	民营企业
丝路视觉	300556	2016	深交所	02 内容创作生产	广东省	民营企业

续表

企业名称	证券代码	上市年份	上市地点	产业分类	地区	企业性质
金山办公	688111	2019	上交所	02 内容创作生产	北京市	民营企业
当虹科技	688039	2019	上交所	02 内容创作生产	浙江省	民营企业
中新赛克	002912	2017	深交所	02 内容创作生产	广东省	地市国资控股
东方国信	300166	2011	深交所	02 内容创作生产	北京市	民营企业
风语筑	603466	2017	上交所	03 创意设计服务	上海市	民营企业
华图山鼎	300492	2015	深交所	03 创意设计服务	四川省	民营企业
华建集团	600629	1993	上交所	03 创意设计服务	上海市	省属国资控股
中衡设计	603017	2014	上交所	03 创意设计服务	江苏省	民营企业
启迪设计	300500	2016	深交所	03 创意设计服务	江苏省	民营企业
杰恩设计	300668	2017	深交所	03 创意设计服务	广东省	外资企业
筑博设计	300564	2019	深交所	03 创意设计服务	西藏自治区	民营企业